Bewerbung und Personaleinsatz abseits ausgetretener Trampelpfade

Sich von der Massenkonkurrenz absetzen –
Eigenbildanalyse durch Drittmeinungen anreichern

Jörg Becker

© 2019 Jörg Becker

www.beckinfo.de

Der Autor

Jörg Becker hat Führungspositionen in der amerikanischen IT-Wirtschaft, bei internationalen Consultingfirmen und im Marketingmanagement bekleidet und ist Inhaber eines Denkstudio für strategisches Wissensmanagement zur Analyse mittelstandorientierter Businessoptionen auf Basis von Personal- und Standortbilanzen. Die Publikationen reichen von unabhängigen Analysen bis zu umfangreichen thematischen Dossiers, die aus hochwertigen und verlässlichen Quellen zusammengestellt und fachübergreifend analysiert werden. Zwar handelt es sich bei diesen Betrachtungen (auch als Storytelling) vor allem von Intellektuellem (immateriellen) Kapital nicht unbedingt um etwas Neues, aber um etwas Anderes. Denn um neue Wege zu gehen, reicht es manchmal aus, verschiedene Sachverhalte, die sich bewährt haben, miteinander neu zu kombinieren und fachübergreifend zu durchdenken. Zahlen ja, im Vordergrund stehen aber „weiche" Faktoren: es wird versucht, Einflussfaktoren nicht nur als absolute Zahlengrößen, sondern vor allem in ihrer Relation zueinander und somit in ihren dynamischen Wirkungsbeziehungen zu sehen. Auch scheinbar Nebensächliches wird aufmerksam beobachtet.

In der unendlichen Titel- und Textfülle im Internet scheint es kaum noch ein Problem oder Thema zu geben, das nicht bereits ausführlich abgehandelt und oft beschrieben wurde. Viele neu hinzugefügte und generierte Texte sind deshalb zwangsläufig nur noch formale Abwandlungen und Variationen. Das Neue und Innovative wird trotzdem nicht untergehen. Die Kreativität beim Schreiben drückt sich dadurch aus, vorhandenes Material in vielen kleinen Einzelteilen neu zu werten, neu zusammen zu setzen, auf individuelle Weise zu kombinieren und in einen neuen Kontext zu stellen. Ähnlich einem Bild, das zwar auf gleichen Farben beruhend trotzdem immer wieder in ganz neuer Weise und Sicht geschaffen wird. Texte werden also nicht nur immer wiederholt sequentiell gelesen, sondern entstehen in neuen Prozess- und Wertschöpfungsketten.

Das Neue folgt aus dem Prozess des Entstehens, der seinerseits neues Denken anstößt. Das Publikationskonzept für eine selbst entwickelte Tool-Box: Storytelling, d.h. Sach- und Fachthemen möglichst in erzählerischer Weise und auf (Tages-) Aktualität bezugnehmend aufbereiten. Mit akademischer Abkapselung haben viele Ökonomen es bisher versäumt, im Wettbewerb um die besseren Geschichten mitzubieten. Die in den Publikationen von Jörg Becker unter immer wieder anderen und neuen Blickwinkeln dargestellten Konzepte beruhen auf zwei Grundpfeilern: 1. personenbezogener Kompetenzanalyse und 2. raumbezogener Standortanalyse.

Als verbindende Elemente dieser beiden Grundpfeiler werden a) Wissensmanagement des Intellektuellen Kapitals und b) bilanzgestützte Decision Support Tools analysiert. Fiktive Realitäten können dabei manchmal leichter zu handfesten Realitäten führen. Dies alles unter einem gemeinsamen Überbau: nämlich dem von ganzheitlich durchgängig abstimmfähig, dynamisch vernetzt, potential- und strategieorientiert entwickelten Lösungswegen.

Management Overview

Fest scheint zu stehen, dass ein Großteil der Menschen noch nicht besonders gut gerüstet ist, alle digitalen Möglichkeiten kompetent für sich zu nutzen. Sie halten mit der Digitalisierung zwar Schritt, der Digitalisierungsgrad bewegt sich jedoch nur auf durchschnittlichem Niveau, der Digitalindex stagniert. „Dieser Gradmesser setzt sich zusammen aus den Dimensionen Zugang, Nutzung, Kompetenz und Offenheit und wird auf einer Skala von einem bis 100 Punkten berechnet". Erst noch ein geringerer Teil der Menschen reagiert vorausschauend und hochkompetent auf Digitalisierung. Zyklische Stellenangebote werden dem jeweiligen konjunkturellen Umfeld entsprechend auf- und abgebaut. Dagegen folgt der strukturelle Stellenmarkt insbesondere im Bereich hochqualifizierter Fachkräfte seinen eigenen Regeln, die eine augenblickliche wirtschaftliche Lage auch überlagern können. Hier sind vermehrt Kreativität, Professionalität und stellen- bzw. unternehmensspezifische Bewerbungsstrategien gefordert. Für die Zusammenstellung eines tragfähigen Gerüsts aus Bewerberfaktoren können verschiedene Wege und Quellen genutzt werden. Erste Ausgangsbasis dürfte zunächst der eigene Erfahrungshorizont des Bewerbers sein. Über eine intensive Beschäftigung mit der eigenen Personalbilanz ergibt sich die Chance zur Feststellung von potentiellen Differenzeignungen, d.h. möglichst das am Markt anbieten zu können, was von anderen Mitbewerbern unterscheidet und abhebt. Einer der größten Vorteile der hier propagierten Personalbilanz liegt darin, dass man sich intensiv mit seinem Zielmarkt auseinandersetzen muss. Man verbessert beispielsweise seine Profilierung und Präsentation, indem man sich über mehr und bessere Marktkenntnis auf eine zielgruppengerechte Ansprache konzentriert. Eignungsprofil des Bewerbers und Anforderungsprofil der Stelle können besser aufeinander abgestimmt werden: der Schlüssel passt somit besser ins Schloss. Die Digitalisierung produziert nicht nur Gewinner, sondern auch Transformationsverlierer. Untersuchungen zeigen aber auch, dass der Digitalisierung nicht immer gleich ganze Berufe zum Opfer fallen, sondern meist einzelne Tätigkeiten. Wenn immer größere Datenmengen gesammelt werden, muss es auch Menschen geben, die sich damit beschäftigen. Bildungs- und Ausbildungsmöglichkeiten müssen also so gestaltet werden, dass sie Menschen in die Lage versetzen, ihre einst erworbenen Kenntnisse und Fähigkeiten möglichst zeitnah an ein ein sich veränderndes Umfeld anzupassen. Sozusagen ein persönliches Changemanagement. Im Rahmen von Bewerbungen ist das Intellektuelle Kapital das Wichtigste, auf das eine Einzelperson ihre Vermarktung aufbauen kann. Was also liegt näher, als für gut und ausgereift befundene Entwicklungen eben auf jenen leichter überschaubaren Bereich der Einzelpersonen zu übertragen und für vielleicht noch neue Wege im Bewerbermarketing zu nutzen. Die gleichen Verfahren können ebenso von der anderen Marktseite wie Personalleitern, -beratern u.a. mit gleich hohem Wirkungsgrad und Nutzen eingesetzt werden. Jedermann, der sich näher mit Wissensbilanzen beschäftigt, ist begeistert von der Eleganz und durchgängigen Logik der hierbei verwendeten Konzepte. Damit stellt sich die Frage, warum in der täglichen Praxis von Unternehmen solche Wissensbilanzen nur zögerlich oder überhaupt nicht eingesetzt werden. Eine der möglichen Antworten hierauf liegt wohl nach wie vor in der vermeintlichen Nichtfassbarkeit und Nichtmessbarkeit menschlichen Wissens. Ein weiterer Grund könnte darin liegen, dass ein in vielen Köpfen der Mitarbeiter eines Unternehmens gespeichertes Wissen als quasi Gedächtnis des Unternehmens zu komplex und vielfältig für eine genaue Kartierung des Wissenslandschaft erscheint. Im Rahmen eines Bewerbungsvorgangs kommt es darauf an, die richtigen Kräfte zu den richtigen Stellen zu bringen, d.h. die Bewerberfähigkeiten mit den Stellenanforderungen zur Übereinstimmung zu bringen. Dabei lesen sich Bewerbungen als die eine Seite des Marktes oft wie ein Sammelsurium beliebiger Fähigkeiten und Qualitäten. Stellenanzeigen als die andere Seite des Marktes beschreiben oft wunschzettelartige Idealbilder. D.h. beide Seiten des Marktes begegnen sich zunächst mit reinen Aufzählungen von persönlichen Eigenschaften einerseits und eher stereotypen Anforderungen andererseits. Aus dem Konzept der Wissensbilanz übertragbare Methoden und Instrumente vermögen hier eine durchaus für beide Seiten produktive Brücke zu schlagen. Golf ist eine Männerdomäne: wo sonst werden so intensiv Seilschaften gepflegt, Deals besprochen und Posten verteilt. Meiden Frauen große Karrieresprünge, weil ihnen der Umgang an der Spitze zu rau ist? Fehlt ihnen der unbedingte Wille zur Macht? Oder sind es solche Seilschaften von Männern, die gerne unter sich sind und den Frauen den Weg an die Spitze versperren? Frauen, die sich in beruflich männerdominierte Aktivitäten einmischen wollen, müssen dabei so manches Hindernis überwinden. Gerade aber das Golfen könnte für sie auch ein Türöffner sein. „Nämlich dann, wenn sie beim Sport in den männlich dominierten Zirkeln akzeptiert werden und beweisen, dass sie in der Lage sind, Geschlechtergrenzen erfolgreich zu überwinden". Auf dem Golfplatz können sie eine gehörige Portion Vitamin B (Sozialkapital) einsammeln. Gerade in männerlastigen Branchen ist für aufstiegswillige Frauen ein funktionierendes Netzwerk wichtig. Die Einstiegsentgelte von Abiturienten und Hochschulabsolventen ähneln zwar zunächst dem, was Personen auch ohne Abitur verdienen, steigen dann aber bis zum 40. Lebensjahr deutlich mehr. Dies wirkt sich so aus, dass Hochschulabsolventen im Alter von 40 Jahren im Vergleich zu Personen ohne Berufsausbildung und Abitur durchschnittlich das 2,7-fache verdienen. Berücksichtigt hat man in dieser Rechnung bereits, dass Personen mit höherer Bildung meist erst später in ein Berufsleben eintreten. Aber auch in der zweiten Hälfte des Erwerbslebens verdienen Akademiker deutlich besser als Nicht- Akademiker. Es besteht also eine enge Beziehung zwischen Ausbildung und Erwerbskarriere. Wenn bereits in der Fahrschule starkes Gewicht auf möglichst vorausschauendes Fahren gelegt wird, so sollte man diesem Grundsatz auch oder gerade für die persönliche Berufs- und Bewerbungsplanung folgen, d.h.: zukunftsgerichtet vorausdenken, sich bereits vorher auf ein möglichst breites Spektrum denkbarer Situationen einrichten (vielleicht hätte eine Befolgung dieses einfachen Gedankens dazu beitragen können, eine Finanzkrise zu erkennen und möglicherweise zu vermeiden, wie wir sie er- und durchleben müssen). Kundenorientiert denken und handeln, sich von der eigenen Innensicht der Dinge lösen und einmal in die Lage des Kunden hineinversetzen, d.h. des Unternehmens, das den Bewerber nach Möglichkeit einstellen und bezahlen soll. Potentialorientiert denken, d.h. nicht nur bei dem verharren was heute ist, sondern auch das denken (vielleicht sogar träumen) was morgen sein könnte und möglich wäre. Ein solchermaßen vorbereiteter Bewerber hätte bereits dadurch einen Wettbewerbsvorsprung gegenüber anderen erreicht, wenn er damit verdeutlichen kann, dass er auch unternehmerisch denkt und bereit ist, nicht nur ichbezogen, sondern auch im Interesse seines vielleicht zukünftigen Arbeitgebers zu handeln. „Scheitern ist die dunkle Schwester des Erfolgs. Ohne die Möglichkeit des Scheiterns wäre der Erfolg nichts wert". Fast immer hat ein Scheitern Folgen für die Bestimmung des Selbstwert- und Identitätsgefühls. Denn letztlich ist Scheitern immer relativ und bezogen auf das persönliche Anspruchsniveau. Genauso unberechenbar ist der Umgang mit dem Scheitern: „das Spektrum reicht vom Scheitern als finalem Punkt einer Entwicklung bis hin zum kompletten Gegenteil, der Neufindung". Scheitern ist eine narzisstische Kränkung, die Erfahrung der Entwertung seiner selbst. Aber man kann auch stärker als zuvor (geläutert und gereift) aus einer Niederlage herausfinden. Denn die eigentliche Ursache liegt oft in der Unangemessenheit des eigenen Karriereplans, der sich mit der äußeren Wirklichkeit nicht vereinbaren lässt. Wird einem dies im Augenblick der Niederlage selbst klar, steht man unweigerlich vor der Frage: wer bin ich eigentlich? Gutes und qualitativ hochwertiges Intellektuelles Kapital ist ein knappes Gut und wird sich in Zukunft möglicherweise noch weiter verknappen. Die systematische Bewertung und Bilanzierung von Intellektuellem Kapital schlägt eine Brücke zwischen Angebot und Nachfrage: auf der einen Seite dürfen Bewerber nicht die Entwicklungen bei der Verwendung von Intellektuellem Kapital versäumen. Vielmehr müssen sie alles daran setzen, um ihre Ressourcen Talent, Wissen und Erfahrungen auch in dem Arbeitsumfeld von morgen zu etablieren. Auf der anderen Seite tragen auch die aufwendigsten Recruitingmaßnahmen nur ungenügend Früchte oder bleiben ganz wirkungslos, wenn personalsuchende Unternehmen nicht bereits intern die Voraussetzungen für eine systematische Identifizierung und Bewertung von Intellektuellem Kapital schaffen. Der Unternehmenserfolg hängt entscheidend davon ab, die richtige Kraft an der richtigen Position einzusetzen. Erfahrungen zum Wissensmanagement zeigen, dass der Erfolg zu 80 Prozent von den sogenannten „soft factors", d.h. Unternehmenskultur, den gelebten Werten und Normen der Organisation abhängig ist und nur zu etwa 20 Prozent von den genutzten Informations- und Kommunikationstechniken. Im Vergleich zu gut strukturierten Daten werden Wissen und Erfahrungen von Mitarbeitern in der Regel nicht explizit dargestellt. Genau diese Informationen sind aber für das Wissensmanagement von Bedeutung. Schwach strukturierte Prozesse, deren Ablauf nicht genau vorhersehbar ist, werden meist nur einmal in der gleichen Form durchgeführt. Gerade hierfür spielt die Erzeugung und Nutzung von Wissen die entscheidende Rolle. Beim Wissensmanagement geht es konkret nicht nur darum, die auf separaten Datenbanken und auf anderen Medien vorliegenden Informationen zusammenzuführen. Ebenso wichtig ist es, die in den Köpfen der Mitarbeiter gespeicherten Informationen für das Unternehmen verwertbar zu machen. Zu unterscheiden ist zwischen explizitem Wissen, das sich anhand von Regeln abbilden lässt und implizitem Wissen, das sich aus Problemlösungskompetenz und Erfahrungsschatz der Mitarbeiter zusammensetzt. D.h. zunächst sollte das Wissen der einzelnen Mitarbeiter sowie des gesamten Unternehmens in einer Wissens-Landkarte zusammengefasst werden. Diese verzeichnet Wissensquellen und Wissenssenken: wo sitzen Experten zu welchen Themen, wo besteht Bedarf für welche Informationen. Technik formt auch Strukturen des Wissens. Technik beeinflusst die Modalitäten des Entstehens von Wissen. Der Wandel von Wissen verändert die uns umgebende Welt einschließlich Reaktionen des Bewusstseins. Elektronische Technologien verändern traditionelle Denkstrukturen. Der Wandel der Kommunikationsformen hat gesellschaftliche Auswirkungen. Elektronische Kommunikation überspringt und verschiebt Grenzen: sie verändert Bedingungen und bisherige Restriktionen der Zeitlichkeit. Während früher die Sphäre des Privaten auf mündlicher Kommunikation basierte mündet dies heute vor dem Hintergrund technologischer Verschiebungen in sozialen Netzwerken. Die Konfrontation mit den Herausforderungen der digitalen Revolution verlangt nach dem Verstehen dessen, was da geschieht. Bevor dies aber möglich wird, müssen Strukturen und Prozesse der in immer schnellerer Folge einstürmenden elektronischen Technologien aber erst einmal identifiziert und erfasst werden. So hat der klassische Besitz von Wissen über das Gedächtnis an Bedeutung verloren: elektronische Medien schaffen neue Möglichkeitsräume in denen alles verfügbare Wissen auf jedem Laptop zugänglich gemacht werden kann. Mit der Anbindung an elektronische Systeme entstehen neue Szenarien mit einer fortschreitenden Virtualisierung des Lebens. Nur wer seinen Standort kennt, kann über den richtigen Weg zum Ziel entscheiden. So gelangt man beispielsweise über eine Entgelt-Aufwands-Rechnung mittels Kennzahlen-Systemen zu Aussagen über die pro geleisteter Arbeitsstunde gezahlten Entgelte. Über einen kostenanalytischen Ansatz kann untersucht werden, welche Elemente der Entgeltkosten es gibt und wie diese zusammenwirken. Die Einflussgrößen-Modelle, die z.B. nach Mengen-, Preis- und Struktureffekten differenzieren, sind unentbehrliche Grundlagen für Planungsrechnungen. Die Kontrolle im Sinne eines Soll-Ist-Vergleichs ist eine Teilphase im Steuerungsprozess. Hier steht nicht die formale Richtigkeit, sondern die Erreichung inhaltlicher Ziele im Vordergrund. Folgende Kontrollaufgaben sind im Entgeltbereich wichtig: sind Sonderzahlungen wie z.B. Erfolgsprämien auch tatsächlich dahin geflossen, wo die Leistung entsprechend war? Entsprechen Funktions- und Stellenprofile sowie deren Zuordnung der aktuellen betrieblichen Situation? Werden Gehaltserhöhungs-Budgets eingehalten? Obwohl Kennzahlen auch im Personalbereich eine wichtige Planungs- und Entscheidungsgrundlage sind, müssen diese den individuellen Bedürfnissen des einzelnen Unternehmens allgemein sowie des DV-Bereiches speziell entsprechen. Typische Probleme, die bei der Bildung von Kennzahlen auftreten können, sind u.a. mangelnde Konsistenz von Kennzahlen: die Verwendung mehrerer Kennzahlen in einem Kennzahlensystem darf keinen Widerspruch beinhalten. Sie sollten nur solche

Größen zueinander in Beziehung setzen, zwischen denen ein nachweisbarer Zusammenhang besteht. Problem der Kennzahlen-Beeinflussbarkeit: Sie sollten zwischen direkt und indirekt kontrollierbaren Kennzahlen unterscheiden. Im ersten Fall kann ein Soll-Wert durch eine oder mehrere Aktionsvariable beeinflusst werden, während dies bei nur indirekt kontrollierbaren Kennzahlen nicht der Fall ist. Obwohl Kennzahlen auch im Personalbereich eine wichtige Planungs- und Entscheidungsgrundlage sind, müssen diese den individuellen Bedürfnissen des einzelnen Unternehmens entsprechen. Typische Probleme, die bei der Bildung von Kennzahlen auftreten können, sind Kennzahleninflation, Fehler beim Aufstellen von Kennzahlen, mangelnde Konsistenz von Kennzahlen oder Kennzahlen-Beeinflussbarkeit. Die grundlegende Frage zu dieser Perspektive der Wissensbilanz befasst sich damit, welche Ziele hinsichtlich der Potenziale gesetzt werden müssen, um sowohl den aktuellen als auch den zukünftig zu erwartenden Herausforderungen gewachsen zu sein. Diese Art der Perspektive wird u.a. auch bezeichnet als: Learning and Growth-Perspektive, Mitarbeiter-Perspektive, Innovations-Perspektive, Zukunfts-Perspektive. Die Potenzialperspektive ist damit ein strategisches Kernelement der Wissensbilanz. Die Schwierigkeit des Erkennens von Potenzialen liegt vor allem darin, dass sie häufig mehr in Form von Visionen als in Form von exakt mess- und kontrollierbaren Zahlenwerten fassbar gemacht werden können. Unter dem Banner digitaler Verwandlung findet auch die freie Entfaltung der Persönlichkeit in einer neuen Alltagswelt statt. „In sozialen Bezügen kann nur derjenige selbstbestimmtes Subjekt bleiben, der sein für andere zugängliches Bild im öffentlichen Raum als Selbstdarstellungsanspruch beherrscht. Die in sozialen Netzwerken generierten riesenhaften Datenmengen haben das Risiko für eine unkontrollierte Durchleuchtung und Ausspähung von Menschen erhöht. Die bloße Quantität der Datenmengen und zahlloser digitaler Spuren ist in eine neue Qualität hochleistungsfähiger Auswertungsmöglichkeiten umgeschlagen. Über jedermann lassen sich Datenprofile erstellen. Die Möglichkeiten zur Auswertung von Gesundheitsdaten schaffen Perspektiven, die die Phantasie eines George Orwell noch bei weitem übersteigen. Die permanente digitale Interaktion verschiebt den alltäglichen Lebenserfahrungsraum. Für den Karriereerfolg werden Leistungen eher überschätzt, der Zufall dagegen unterschätzt. Es würde die eigene Bedeutung relativieren, müssten wir unsere Erfolge auf solche Unberechenbarkeiten und Nebensächlichkeiten wie karriereunterstützende Zufälle oder das förderliche Vitamin B zurückführen. Allerdings sind Karrieren, die nur auf Glück und Zufall beruhen, auch nicht unbedingt der Normalfall. Denn ohne Intelligenz, Wissen und Einsatz kommt auch keine Karriere zustande (von nichts kommt nichts). Es braucht also Leistung. Doch nicht alle, die etwas leisten, schaffen eine erfolgreiche Karriere. Es muss also darüber hinaus Einflussfaktoren geben, die den Unterschied ausmachen. Zufall und Glück lassen auch den Untüchtigen den Trost der Ungerechtigkeit der Welt und geben ihnen zumindest psychisch gesehen einen Rechtfertigungsgrund, Misserfolg und Scheitern anderen Umständen (Pech, falsches Timing, schlechte Gene) zuzurechnen. D.h. Glück und Zufall sind (und werden immer sein) die großen Unbekannten der Leistungsgesellschaft. Erfolg ist aufgrund der Bestimmungsfaktoren Glück und Zufall kein Grund zur Überheblichkeit. Wachstum-Innovation-Zukunft: die grundlegende Frage zu dieser Perspektive von Personalbilanzen befasst sich damit, welche Ziele hinsichtlich der Potenziale gesetzt werden müssen, um sowohl den aktuellen als auch den zukünftig zu erwartenden Herausforderungen gewachsen zu sein.

Themen-Leitfaden

Wo bleibt der Mensch? Polarisierung der Arbeitsmärkte im Takt der Technik: Optimist sein, sich überlegen, welche Chancen man trotzdem noch als Nächstes ergreifen könnte, sich vor Augen halten, was man besonders gut kann (Schwächen auch positiv umdeuten). Und schließlich: Kontrolle behalten. Wer immer meint, er habe nur Glück gehabt, unterschätzt vielleicht den Anteil, den er selbst am Gelingen seines Lebens hat

Entdeckung der Zukunft im Gewesenen – dem Auswahlraster mit qualifizierten Bewerbungen ein Schnippchen schlagen - die Gesamtliste aller Bewerberfaktoren setzt sich zusammen aus Basisliste + Individuallisten (je nach Stellenprofil und -anforderung)

Wettbewerbsvorsprung mit unternehmensorientiertem Bewerbermarketing - falls sich ein Bewerber dafür entscheidet, die mehr oder weniger standardmäßige Zusammenstellung von ansonsten üblichen Unterlagen um ein weiteres Analysepaket zu erweitern (beispielsweise um sich von der Masse der konkurrierenden Bewerbungen abzuheben und weitere Alleinstellungsmerkmale für sich zu verbuchen) sollte er vorab versuchen, hierzu eine weitere möglichst unabhängige Zweit-Meinung einzuholen. Denn je nach Blickwinkel, mit dem man auf eine Person schaut und diese beurteilt, kann auch die Bilanz im Ergebnis unterschiedlich ausfallen

Enge Beziehung zwischen Ausbildung und Erwerbskarriere - Naturgesetze wie die der Schwerkraft gelten gleich wo und gleich welcher Art (wie die Kräfte und Wirkungsbeziehungen von Risiko und Zukunft) auch für Führungspositionen

Das magische Wort heißt Kompetenz. U.a. spricht man von Sachkompetenz, Methodenkompetenz, Beurteilungskompetenz, Orientierungskompetenz oder Handlungskompetenz. Verschiedene Einzelkompetenzen, die eng miteinander verschränkt sind

Intellektuelles Kapital schlägt eine Brücke zwischen Angebot und Nachfrage – Bewerber müssen alles daran setzen, um ihre Ressourcen Talent, Wissen und Erfahrungen auch in dem Arbeitsumfeld von morgen zu etablieren. Unternehmen müssen kontinuierlich prüfen, welche Kompetenzen sie selbst "besitzen" und welche sie von außen einkaufen wollen

Roboter-Chefs ante portas? Wissen ist das wertvollste Kapital: Rohmaterialien, Produktions-, Geschäfts- und Vermarktungsprozesse sind für Konkurrenten notfalls schnell verfügbar. Was im Gegensatz hierzu nicht schnell verfügbar gemacht werden kann, sind Wissen, Fähigkeiten, Qualifikationen, Erfahrungen, Motivation u.a. von Personen

Im Rahmen von Funktionen des Wissensmanagement ist der Knowledge Enabler für die nötigen Werkzeuge und Methoden zuständig, um das für die Durchführung von Prozessen notwendige Wissen abrufen zu können, daraus eigenes Wissen abzuleiten und dieses Wissen über die gemeinschaftliche Wissensbasis wiederum anderen bereitzustellen

Personalwirtschaftliche Problemstellungen - auf der operativen Ebene orientiert sich das Personalcontrolling an Zielen, d.h. Planung und Ermittlung von personalwirtschaftlichen Kenngrößen, Kontrolle als Soll-Ist-Vergleich, Abweichungsanalyse oder Entwicklung von Verbesserungsvorschlägen

Je heftiger Veränderungsprozesse sind, desto mehr und schnellere Unterstützung wird von außerhalb gebraucht. Beratungsfirmen konzentrieren sich immer stärker auf den Einsatz von Analysewerkzeugen: man sucht Mathematiker, Informatiker und Ingenieure, die Prozesse verstehen und diese mit mathematischen Formeln abbilden können

Karriere unter dem Einfluss von Glück und Zufall: wer heute in Bangladesh auf die Welt kommt, dessen IQ kann noch so hoch sein, dessen Ehrgeiz noch so stark und dessen Fleiß noch so ausdauernd: es ist trotzdem unwahrscheinlich, dass er es im Leben genauso weit bringt wie einer, der zur selben Zeit in New York City auf die Welt gekommen ist

Wo bleibt der Mensch? Polarisierung der Arbeitsmärkte im Takt der Technik: Optimist sein, sich überlegen, welche Chancen man trotzdem noch als Nächstes ergreifen könnte, sich vor Augen halten, was man besonders gut kann (Schwächen auch positiv umdeuten). Und schließlich: Kontrolle behalten. Wer immer meint, er habe nur Glück gehabt, unterschätzt vielleicht den Anteil, den er selbst am Gelingen seines Lebens hat

Wenn Maschinen vieles (oder alles?) besser können, wofür braucht es dann noch humane Arbeitskraft? Auch im Rausch der Digitalisierung stellen sich immer mehr Menschen diese ernüchternde Frage. Denn durch Innovationen sind ja nicht nur einfache Tätigkeiten betroffen, sondern auch reihenweise bisher als eher anspruchsvoll geltende Berufe. „Es droht eine Polarisierung der Arbeitsmärkte: auf der einen Seite eine kleine, gut verdienende Gruppe hochqualifizierter Maschinenprogrammierer, auf der anderen Seite ein Heer geringqualifizierter Niedriglöhner im Takt der Technik". Fest scheint aber auch zu stehen, dass ein Großteil der Menschen noch nicht besonders gut gerüstet ist, alle digitalen Möglichkeiten kompetent für sich zu nutzen. Sie halten mit der Digitalisierung zwar Schritt, der Digitalisierungsgrad bewegt sich jedoch nur auf durchschnittlichem Niveau, der Digitalindex stagniert. „Dieser Gradmesser setzt sich zusammen aus den Dimensionen Zugang, Nutzung, Kompetenz und Offenheit und wird auf einer Skala von einem bis 100 Punkten berechnet". Erst noch ein geringerer Teil der Menschen reagiert vorausschauend und hochkompetent auf Digitalisierung. Unter anderem versprechen sich Bildungspolitiker Abhilfe von einer

Schul-Cloud, d.h. digitalen Lehr- und Lernangeboten (werden zentral in entfernten Rechenzentren vorgehalten) in einer Cloud. Für die Schulen entfallen damit Anschaffung und Wartung von Rechnern, weil „Schüler und Lehrer von überall her online auf die Inhalte zugreifen könnten.

Belastbarer Stresslevel – Glückshormone für die Krisenbewältigung: kaum jemand wird im Laufe seines Lebens von Schicksalsschlägen verschont bleiben: es können schwere Unfälle oder Krankheiten sein, der Tod eines lieben Menschen oder eine Trennung. Ein Absturz im Beruf oder eine Firmenpleite. Jeder einzelne Schicksalsschlag mit dem Potenzial, jemanden aus der Bahn werfen zu können. Einige zerbrechen daran, andere scheinen an Tiefschlägen sogar zu wachsen. Aber wodurch wird eine solche unterschiedliche Bewältigung begründet? Wüsste man es, könnte man selbst Prophylaxe betreiben und sich mental wappnen. Es ist die innere Einstellung, die darüber entscheidet, wie wir Krisen begegnen. Denn ob wir Krisen meistern, hängt weniger davon ab, wie scherzhaft wir sie empfinden (auch nicht davon, was die Ursachen sind oder ob wir eine Mitschuld tragen). Es ist die innere Einstellung, ob wir nach einem Absturz wieder aufstehen (oder nicht). Widerstandsfähigkeit ist ein Ergebnis innerer Stärke. Diese verleihen Freunde, Beziehungen und Gene. „Im begrenzten Umfang auch das Geld, denn je weniger Sorgen man sich im Notfall ums finanzielle Überleben machen muss, desto leichter wird es". Forscher haben die Bedeutung von Glückshormonen herausgefunden: Menschen mit einer längeren Genvariante hiervon sind danach besser gegen Schicksalsschläge gefeit. "Doch das heißt nicht, dass jemand, der diese lange Genvariante besitzt, ewig davon zehren kann. Denn viele Stresshormone spalten einen Teil dieser DNA wieder ab, was dazu führt, dass unsere Glückshormonproduktion sinkt und die Stressverarbeitungsfähigkeit mit ihr, vor allem, wenn uns Krisen treffen. Stresserfahrungen können innere Stärken stärken. Hilfe bringt u.a. das Akzeptieren: wenn die Krise da ist, nützt es wenig, damit zu hadern. Oder das Hinterfragen, wo man dem Ganzen vielleicht noch etwas Positives abgewinnen kann (auch wenn das Gute in solchen Situationen manchmal nur schwer zu entdecken ist). Oder: Schönes sehen, sich häufiger über die kleinen Dinge freuen. Oder: Optimist sein, sich überlegen, welche Chancen man trotzdem noch als Nächstes ergreifen (da geht noch was) könnte. Sich vor Augen halten, was man besonders gut kann (Schwächen auch positiv umdeuten). Und schließlich: Kontrolle behalten. Wer immer meint, er habe nur Glück gehabt, unterschätzt vielleicht den Anteil, den er selbst am Gelingen seines Lebens hat. Wichtig auch: soziale Kontakte pflegen (Familie, Arbeit, Freunde, Nachbarschaft, Vereine). „Wer in mindestens drei dieser Bereiche Kontakte hat, ist gut aufgestellt."

**Entdeckung der Zukunft im Gewesenen –
dem Auswahlraster mit qualifizierten Bewerbungen ein
Schnippchen schlagen - die Gesamtliste aller
Bewerberfaktoren setzt sich zusammen aus
Basisliste + Individuallisten
(je nach Stellenprofil und -anforderung)**

Bodenschätze im digitalen Königreich: das Recht auf Vergessenwerden und das Streben nach Gefundenwerden – Informationspartikel und Datenraster – Willenlose Kauf- und Konsummaschinen – Datenuniversum kreiert neue Geschäftsmodelle – Sieg und Platz in den Ergebnislisten der Suchmaschinen, algorithmengesteuerte Suchroboter und Absauger. Alle (berechtigte) Kritik an Suchmaschinen geschieht vor dem Hintergrund, dass Inhalte diesen meistens freiwillig überreicht werden: oft wird versucht, diese möglichst windschlüpfrig in die Algorithmengerüste der Suchroboter einzupassen. Gleichzeitig wird das Recht auf Vergessenwerden eingefordert, das kostenlose Absaugen von Daten bis hin zur Manipulation von Suchergebnissen angeprangert. Auf der einen Seite die Ängste, dass aus Informationspartikeln Datenraster erwachsen, weiter zu unentrinnbaren Netzen versponnen werden und Menschen dadurch zu willenlosen Kauf- und Konsummaschinen reduziert werden. Auf der anderen Seite die manchmal schon krankhafte Sucht, im Orbit des Internet nicht vergessen, sondern auf möglichst vorderen Plätzen der Suchergebnisse wahrgenommen zu werden: denn nur so können aus dem unendlichen Datenuniversum heraus neue Geschäftsmodelle entstehen. Suchmaschinen sollen nach dem Willen der Internetgemeinde also keinesfalls verschwinden (man will ja gefunden und beachtet werden), sondern allenfalls so algorithmengesteuert arbeiten, dass die eigenen Profile noch heller und in einem maximal günstigen Licht erscheinen. Je weiter aber die Exploration von Daten ungehindert voranschreitet, desto wertvoller werden die dabei abgesaugten Datensätze, desto eher entdecken die von allen so geliebten Suchmaschinen im Gewesenen vielleicht doch das bereits Zukünftige: desto mehr werden die neuen Bodenschätze der digitalen Revolution vielleicht zum unkontrollierten Machtfaktor.

Qualifizierte Bewerbung – dem Auswahlraster ein Schnippchen schlagen: zyklische Stellenangebote werden dem jeweiligen konjunkturellen Umfeld entsprechend auf- und abgebaut. Dagegen folgt der strukturelle Stellenmarkt insbesondere im Bereich hochqualifizierter Fachkräfte seinen eigenen Regeln, die eine augenblickliche wirtschaftliche Lage auch überlagern können. Hier sind vermehrt Kreativität, Professionalität und stellen- bzw. unternehmensspezifische Bewerbungsstrategien gefordert. Für die Zusammenstellung eines tragfähigen Gerüsts aus Bewerberfaktoren können verschiedene Wege und Quellen genutzt werden. Erste Ausgangsbasis dürfte zunächst der eigene Erfahrungshorizont des Bewerbers sein. Er kennt sich und seine Situation wohl am besten. D.h.: jedes Bewerbungsgespräch ist, auch wenn es erfolglos war, eine Fundgrube für zukünftig verwertbare Erkenntnisse. Voraussetzung hierbei ist eine detaillierte Auswertung und Nachanalyse durch den Bewerber. Zunächst wird damit begonnen, eine Liste mit möglichst vielen für einen Bewerber in Frage kommenden Faktoren aufzustellen. Bei dieser Liste geht es noch nicht darum, zwischen wichtigen und weniger wichtigen Bewerberfaktoren zu unterscheiden, sondern zunächst nur um Vollständigkeit. In einem in sich stimmigen System bilden Bewerberfaktoren das Trägerwerk für alle nachfolgenden Analysen und Auswertungen, mit deren Hilfe eine Bewerbung schrittweise angereichert werden könnte. Die Gesamtliste aller Bewerberfaktoren setzt sich zusammen aus Basisliste + Individuallisten (je nach Stellenprofil und -anforderung). Bei den Überlegungen zur Liste der Bewerberfaktoren muss nicht an einem Nullpunkt begonnen werden. Jeder Bewerber dürfte im Rahmen seiner Stellensuche bereits auf eine Reihe von immer wieder auftauchenden Faktoren gestoßen sein. Bewerberfaktoren werden zudem immer wieder in einer Vielzahl unterschiedlicher Veröffentlichungen angesprochen, analysiert und diskutiert. Professionelle Informationsquellen wären natürlich auch Personalberater und deren Checklisten. Im Sinn eines proaktiven Eigenvermarktungskonzeptes könnte der Bewerber auch selbst handeln, indem er im Rahmen der Marktorientierung bei und über seine Ziel-Unternehmen eigene Recherchen anstellt. Im Rahmen einer aktiven Bewerbungsstrategie gibt es immer auch Mittel und Wege, um direkt an der Quelle detaillierte Anforderungsprofile für bestimmte Stellenausschreibungen in Erfahrung zu bringen. Nicht zuletzt gehören hierzu auch gezielte Auswertungen von Stellenanzeigen. Mit einer zielgruppenspezifischen Zusammenstellung von Personalbilanz-Modulen eröffnen sich Möglichkeiten, auf ein Anforderungs- und Stellenprofil genau zugeschnittene Kenntnisse, Fähigkeiten und Beziehungen anzubieten, die von der Zielgruppe am dringendsten benötigt und nachgefragt werden.

Welches Zukunftspotential ist vorhanden? Die Liste der Vorteile von potentialorientierten Betrachtungsweisen ist lang. Die zusätzliche Hinwendung zur Potentialorientierung führt weg von einem zumindest gefühlten Prüf-Charakter der Ratings hin zu einer zukunftsbezogenen Chancenorientierung. Denn ihrem eigentlichen Kern nach sind Potentiale nichts anderes als Chancen für die Zukunft. Wer könnte ein größeres Interesse an der Offenlegung dieser Chancen haben als eben jene Teilnehmer an Bewerbungsgesprächen? Je systematischer und transparent nachvollziehbar solche Chancen identifiziert werden können, desto größer sind die Glaubwürdigkeit und Akzeptanz des Verfahrens. Portfolio-Aufteilung der Bewerberfaktoren nach Handlungsempfehlungen:

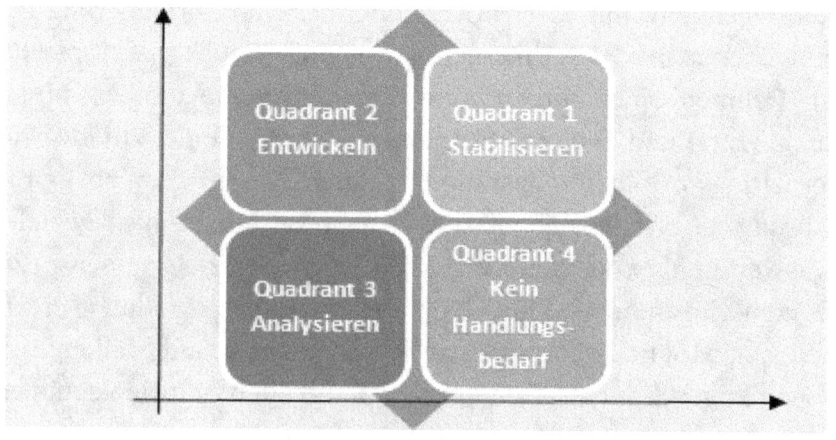

Über eine intensive Beschäftigung mit der eigenen Personalbilanz ergibt sich die Chance zur Feststellung von potentiellen Differenzeignungen, d.h. möglichst das am Markt anbieten zu können, was von anderen Mitbewerbern unterscheidet und abhebt. Einer der größten Vorteile der hier propagierten Personalbilanz liegt darin, dass man sich intensiv mit seinem Zielmarkt auseinandersetzen muss. Man verbessert beispielsweise seine Profilierung und Präsentation, indem man sich über mehr und bessere Marktkenntnis auf eine zielgruppengerechte Ansprache konzentriert. Eignungsprofil des Bewerbers und Anforderungsprofil der Stelle können besser aufeinander abgestimmt werden: der Schlüssel passt somit besser ins Schloss. Dabei wird auf der horizontalen Achse eines Portfolios die Bewertung des jeweiligen Bewerberfaktors angezeigt. Dieser Wert wird als Durchschnitt aus den drei Dimensionen „Quantität", „Qualität" und „Systematik" ermittelt. Auf der zweiten vertikalen Achse des Tableaus wird das Einflussgewicht des Faktors aufgetragen. Dies ermöglicht eine Zuordnung und Abgrenzung der Bewerberfaktoren nach unterschiedlichen Handlungsfeldern:

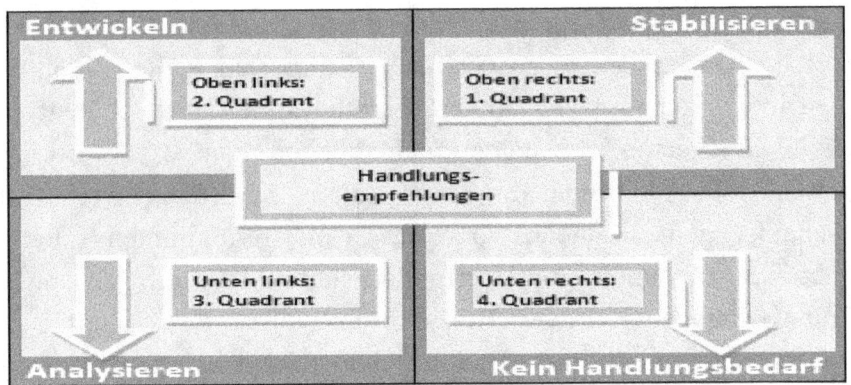

Oben rechts 1. Quadrant = Stabilisieren (der Faktor hat ein relativ hohes Einflussgewicht und wurde relativ hoch bewertet), oben links 2. Quadrant = Entwickeln (der Faktor hat ein relativ hohes Einflussgewicht, wurde aber relativ gering bewertet), unten links 3. Quadrant = Analysieren (der Faktor hat ein relativ niedriges Einflussgewicht und wurde auch nur relativ gering bewertet), unten rechts 4. Quadrant = Kein Handlungsbedarf (der Faktor hat ein relativ niedriges Einflussgewicht, wurde aber relativ hoch bewertet).

Extrovertierte sind nicht besser als Introvertierte: man sollte beachten, dass stille und laute Menschen in etwa gleichviele gute oder schlechte Ideen haben, trotzdem aber nur die lauten und energischeren Menschen sie durchsetzen. „Was der Extrovertierte als anregend, inspirierend und beflügelnd empfindet, verschreckt manchmal den Introvertierten. Sein Rückzug ist indes keine Flucht, sondern gibt ihm die Möglichkeit, das Erlebte zu ordnen. Obwohl keine Rückschlüsse auf die Leistungsfähigkeit des einen oder anderen Typus zulässig sind, räumt man dem Extrovertierten meistens die höhere Chance auf eine erfolgreiche Karriere ein. Introversion, so Experten, gelte mit ihren Attributen der Empfindsamkeit, Ernsthaftigkeit und Schüchternheit als Persönlichkeitsmerkmal zweiter Klasse. Allerdings könnte man sich auch die Frage stellen, ob introvertierte Entscheider nicht so manche Krise besser meistern könnten (oder in der Vergangenheit sogar verhindert hätten)? Es gibt Beispiele für so manche Extrovertierte, die zur Selbstreflexion unfähige Narzissten sind, „Geld- und Menschenverbrenner", die als „Entscheidungshysteriker" alles plattwalzen, was sich ihnen entgegen stellt. Häufig wäre das „Leise als das neue Laut" besser gewesen. Denn müssen wir uns wirklich abstrampeln, ständig für uns selbst trommeln, um Erfolg zu haben, respektiert und beachtet zu werden? Oder sollten wir unseren „Ego-Lautsprecher" zur Abwechslung nicht einfach mal ein paar Stufen leiser stellen? Vielleicht wären uns so manche dramatischen Entwicklungen erspart geblieben? Besonders wenn mehrere Schauläufer aufeinander treffen und in eine Überbietungsspirale geraten? Denn Lautsprecherei zehrt nicht nur an den Kräften und sondern auch an den Nerven von allen Beteiligten.

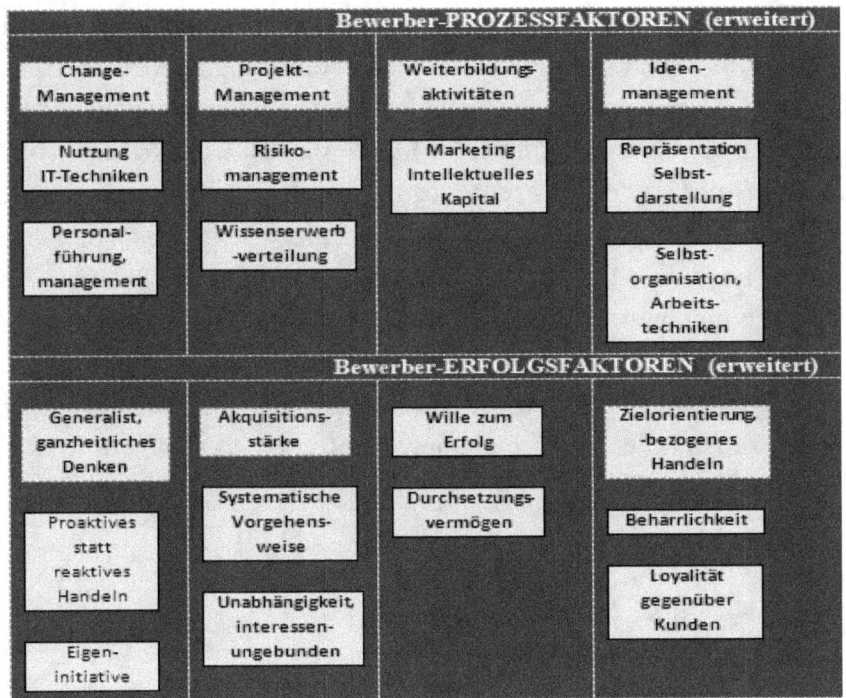

Die Digitalisierung produziert nicht nur Gewinner, sondern auch Transformationsverlierer. Untersuchungen zeigen aber auch, dass der Digitalisierung nicht immer gleich ganze Berufe zum Opfer fallen, sondern meist einzelne Tätigkeiten. „Ein Buchprüfer muss sich heute nicht mehr wochenlang durch Belege arbeiten. Der Algorithmus durchforstet dank Big Data in Windeseile die Datenberge, dem Prüfer bleibt mehr Zeit, sich um die aufgespürten Auffälligkeiten zu kümmern". Wenn immer größere Datenmengen gesammelt werden, muss es auch Menschen geben, die sich damit beschäftigen. Bildungs- und Ausbildungsmöglichkeiten müssen also so gestaltet werden, dass sie Menschen in die Lage versetzen, ihre einst erworbenen Kenntnisse und Fähigkeiten möglichst zeitnah an ein ein sich veränderndes Umfeld anzupassen. Sozusagen ein persönliches Changemanagement. Auch denkt man heute anders: es muss nicht immer nur die Hundertprozent-Lösung sein, zunächst reichen auch einmal vielleicht nur achtzig Prozent aus. Denn was vor allem zählt, ist Schnelligkeit. Die bisherige Null-Fehler-Toleranz erscheint in einem neuen Licht: der Mut zum Querdenken und auch zum Scheitern sowie Neugierde und Empathie sind soziale Schlüsselqualifikationen, deren Exklusivität der Mensch noch lange für sich beanspruchen kann".

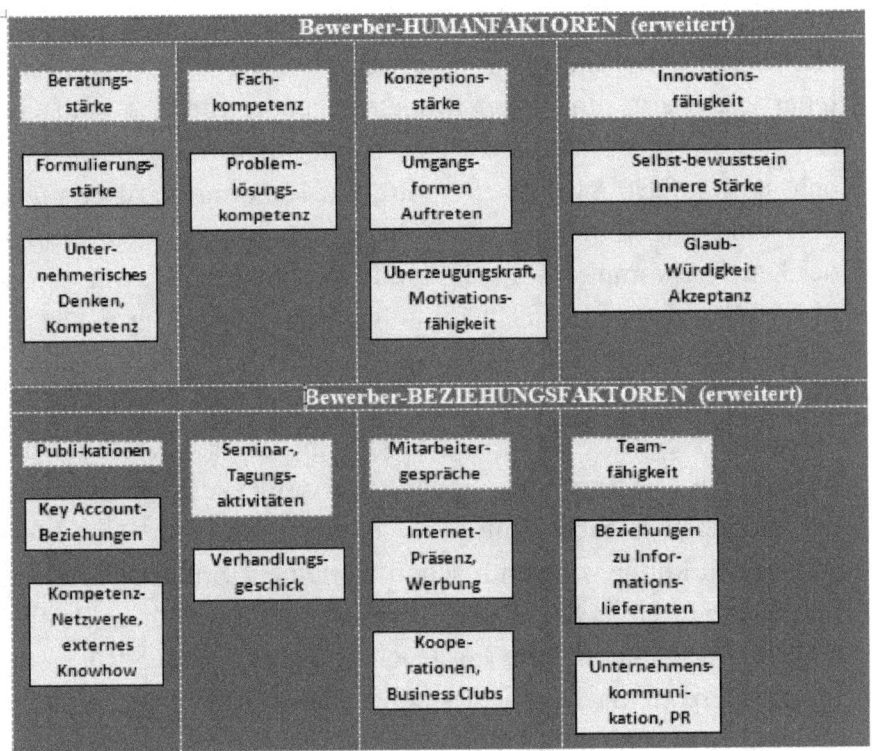

Karrieremacher, die in ihrer Arbeit keinen (langfristigen) Sinn sehen, geraten beim Nachdenken darüber oft in eine Krise. Motivierend dagegen ist, wenn man seine Arbeit an langfristigen Zielen und Werten orientiert. Und, man muss auch Routine (Business as usual) akzeptieren können. Ein Tag einmal auch ohne eine neue Herausforderung muss nicht gleich ein Abstellgleis der Karriere sein. Auch Standardaufgaben bedürfen ihrer Erledigung: „überhaupt kann es nicht schaden, auch im künstlichen Licht des Managerbüros zu akzeptieren, dass es natürliche

Rhythmen gibt, dass nicht immer Aussaat- und Erntezeit ist". Nicht jeden Tag muss man eine weitere Stufe auf der Karriereleiter erklettern. „In vielen Branchen gehört Blenden zum Geschäft…die Frage ist allerdings, ob man nicht auf ehrliche Arbeit statt auf Effekte setzen sollte, um Renommee zu erlangen und weiterzukommen, ob also eher der Inhalt vor dem Design der Karriere kommen sollte?" Landauf, landab wird zwar gepredigt, wie ein guter Chef sein sollte. Immer sollte er für seine Mitarbeiter da sein, nie den Glauben an das Guter verlieren. Mancher Personalforscher kommt in der Praxis allerdings zu einem eher gegenteiligen Ergebnis: „ein echter Chef sollte immer mit dem Schlimmsten rechnen und dafür die Notfallpläne in der Schublade haben, bloß niemandem zu sehr vertrauen, schließlich könnte heimlich schon an seinem Stuhl gesägt werden. Denn er ein echter Kontrollfreak ist und die nötige Portion Verfolgungswahn an den Tag legt, der hat das nötige Rüstzeug, um Karriere zu machen". „Das hohe Maß an Misstrauen anderen gegenüber und die damit einhergehende Aufmerksamkeit auf potentiell unvorteilhafte Situationen helfen paranoiden Menschen, in Unternehmen nach oben zu kommen". Paranoiker können ihre Beziehungen zu anderen so managen, dass sie möglichst wenig Angriffspunkte bieten."Sie beobachten ihre soziale Umgebung genau und wechseln häufig, je nach Lage, die Beurteilung in Freund und Feind. Auch schafft es diese Gruppe besonderes gut, sich aus Situationen herauszuhalten, die schädlich für die Karriere sein könnten". Unter den in der heutigen Wirtschaftswelt disruptiven und somit unsicheren Bedingungen sind Paranoiker auf diese häufig besser vorbereitet, weil sie solche

Szenarien in ihrer Gedankenwelt bereits vorher durchgespielt haben.

Grundstruktur Bewerberfaktoren, Einzel-Tableau „Bewerber-Prozessfaktoren": in Anlehnung an den Prozessgedanken in den Unternehmen werden Aktivitäten des Bewerbers zu Prozessen gebündelt, die einer späteren Bewertung zugeführt werden können. Als Demo-Beispiel werden folgende Prozesse bzw. Aktivitätenbündel angenommen:

	Prozessfaktoren
GP-1	Marketing des verfügbaren Intellektuellen Kapitals
GP-2	Nutzung von Wissensbilanzkonzepten und -instrumenten
GP-3	Eigene Wissenspotenzialziele gezielt erkunden, Marktfähigkeit ermitteln
GP-4	Präsentation, Kommunikation des Intellektuellen Kapitals
GP-5	Fremdbewertungen dokumentieren, analysieren
GP-6	Eigenbewertung, Selbsteinschätzung
GP-7	Marktanalysen für Intellektuelles Kapital
GP-8	Wettbewerbsanalyse im Umfeld des Bewerbers
GP-9	Strategische Positionierung des Intellektuellen Kapitals

Einzel-Tableau „Bewerber-Erfolgsfaktoren": Erfolgsfaktoren sind diejenigen Komponenten des Intellektuellen Kapitals, auf die sich erfolgreiche Entwicklungen zurückführen lassen und von denen auch für die Zukunft erwartet wird, dass sie einen positiven Einfluss auf die Entwicklung des Bewerbers einerseits und damit auch des Unternehmens andererseits ausüben werden.

Sie wirken quasi als immanente Antriebsmotoren des Intellektuellen Kapitals. Als Demo-Beispiel werden folgende Erfolgsfaktoren angenommen:

	Erfolgsfaktoren
GE-1	Klar definierte Ziele
GE-2	Motivation - Leistungsbereitschaft
GE-3	Flexibilität - Anpassungsfähigkeit
GE-4	Akzeptanz - Reputation
GE-5	Unabhängigkeit - Unvoreingenommenheit
GE-6	Klare Wertvorstellungen
GE-7	Verlässlichkeit - Termintreue
GE-8	Innovationsfähigkeit und –bereitschaft
GE-9	Loyalität

Geld oder Liebe? Glück ist nicht gleich Glück. Woraus folgt: wer glücklich werden will, muss zuerst wissen, welches Glück er meint. Da gibt es das emotionale Glück, im Prinzip die gute Laune. Sie schlägt schnell aus, pendelt sich aber rasch auf ein gewisses, individuelles Grundniveau ein. D.h. wer in die Sonne zieht, freut sich zwar, verbessert aber seine Laune dadurch nicht dauerhaft. Gleiches gilt auch für Gehaltserhöhungen oberhalb eines gewissen Niveaus. Bei einem anderen Glück mehr grundsätzlicher Natur geht es darum, wie zufrieden ein Mensch mit seinem Leben ist. Ob gerade Arbeits- oder Feiertag ist, spielt hierbei keine Rolle. Sehr wohl aber, ob jemand arbeitslos ist oder nicht. Forscher, die sich damit auseinander gesetzt haben, ob für Menschen Geld oder Zeit wichtiger ist, kamen zu dem Ergebnis: die Menschen sind umso glücklicher, je mehr Geld sie haben – und je eher sie sich mehr Zeit wünschen. Wer sich mehr

Zeit wünscht, denkt anders als jene, die mehr Geld haben wollen: „Fans der Zeit hatten der Umfrage zufolge kein Mangelgefühl, sondern empfanden zusätzliche Zeit als Gewinn". Wichtig für persönliche Glücksgefühle ist auch die innere Einstellung: „ob man glaubt, sein Leben selbst im Griff zu haben – oder ob man sich eher äußeren Einflüssen ausgesetzt sieht, von anderen Menschen oder von Glück und Pech. Wer davon überzeugt ist, dass er sein Schicksal weitgehend selbst beeinflusst, der ist typischerweise erfolgreicher und glücklicher."

Einzel-Tableau „Bewerber-Humanfaktoren": Humanfaktoren sind diejenigen Komponenten des Intellektuellen Kapitals, die an Personen als Träger gebunden sind und mit diesen in ein Unternehmen eintreten oder mit diesen auch eine Firma wieder verlassen. Als Demo-Beispiel werden folgende Humanfaktoren angenommen:

	Humanfaktoren
HK-1	Ausbildung, Professional Development
HK-2	Führungs-, Sozialkompetenz, Verhandlungssicherheit
HK-3	Fachkompetenzen - Expertenwissen
HK-4	Auslandserfahrungen, Branchenwissen
HK-5	Fremdsprachenkenntnisse
HK-6	Projektmanagementkompetenzen
HK-7	Teamfähigkeit
HK-8	Regelmäßige Fort- und Weiterbildung
HK-9	Allgemeinwissen

Einzel-Tableau „Bewerber-Strukturfaktoren": als Demo- Beispiel werden folgende Strukturfaktoren angenommen:

	Strukturfaktoren
SK-1	Controlling-Tools
SK-2	Arbeitshilfen-Tools
SK-3	Wissenbilanz-Tools
SK-4	Ideensammlung, Erfahrungssicherung
SK-5	Home Office-, PC-, Fax-Ausstattung u.a.
SK-6	Internet-Zugang
SK-7	Fachliteratur, -zeitschriften
SK-8	Text-, Präsentationsprogramme
SK-9	Arbeitszimmer

Seitdem das Smartphone zum ständigen Begleiter geworden ist, gehört es zum Alltag, dass man in seinem Tun laufend unterbrochen wird, dass man telefoniert und parallel dazu seine Mails checkt. Unbewusst ist das Smartphone ein Vorwand, sich von unangenehmen Aufgaben abzuwenden. „Gepaart mit einer ständigen Angst, etwas Wichtiges oder Aktuelles zu verpassen, hat dies viele Smartphone-Nutzer abhängig von ihrem Gerät gemacht. Viele scheinen mit ihm psychisch und physisch geradezu verwachsen zu sein". Doch es kostet hohe Konzentration und Anstrengung, an mehreren Schauplätzen parallel zu agieren und so ganz nebenbei dabei auch noch gute Arbeit zu leisten. „Effektiver ist es, erst ein Telefonat zu führen und sich danach seinen Mails zu widmen. Also eine Aufgabe nach der anderen abzuarbeiten. Allerdings stößt diese Binsenweisheit auf viele taube Ohren. Die Konsequenz: ein dumpfes Gefühl, mal wieder zu wenig erledigt zu haben, obwohl man doch an so vielen Baustellen gleichzeitig zugange war. Die Ursache: „Der Mensch ist nicht multitaskingfähig". Mit vielen Studien wird untermauert, dass das menschliche Denkorgan besser arbeiten kann, wenn es nur eine Aufgabe zu bewältigen hat. Nur dann können sich beide Hirnhälften voll auf diese eine Aufgabe konzentrieren. Bei zwei Aufgaben gleichzeitig, kann sich immer nur je eine der beiden Hirnhälften auf jeweils eine Aufgabe konzentrieren: „Das hat zur Folge, dass die Lösung der beiden Aufgaben in der Summe länger dauert, als wenn sie einzelnen angegangen worden wären. Zudem steigt bei zwei Aufgaben gleichzeitig die Fehlerquote. Versuche haben gezeigt, wenn mehr als zwei Aufgaben gleichzeitig bewältigt werden sollen, konzentriert man sich meistens auf die zwei Fragestellungen deren Lösung das Gehirn am wahrscheinlichsten einschätzt. „Durch den stetig steigenden Gebrauch von Smartphone, Tablet oder Laptop sinkt die Aufmerksamkeitsspanne des Menschen – und befindet sich derzeit bereits unter dem Niveau eines Goldfisches. Der kann sich neun Sekunden auf eine bestimmte Sache konzentrieren, Menschen können das nur acht Sekunden lang".

	Beziehungsfaktoren
BK-1	Publikationen
BK-2	Zielgruppenkontakte
BK-3	Kontakte zu Kompetenznetzwerken
BK-4	Mitgliedschaft, Teilnahme in Business Clubs
BK-5	Ehrenamtliche Engagements
BK-6	Teilnahme am politischen Leben
BK-7	Vereinsmitgliedschaften
BK-8	Teilnahme an Messen und Kongressen
BK-9	Mitarbeitergespräche, -konferenzen

Wettbewerbsvorsprung mit unternehmensorientiertem Bewerbermarketing - falls sich ein Bewerber dafür entscheidet, die mehr oder weniger standardmäßige Zusammenstellung von ansonsten üblichen Unterlagen um ein weiteres Analysepaket zu erweitern (beispielsweise um sich von der Masse der konkurrierenden Bewerbungen abzuheben und weitere Alleinstellungsmerkmale für sich zu verbuchen) sollte er vorab versuchen, hierzu eine weitere möglichst unabhängige Zweit-Meinung einzuholen. Denn je nach Blickwinkel, mit dem man auf eine Person schaut und diese beurteilt, kann auch die Bilanz im Ergebnis unterschiedlich ausfallen

Ein Mangel vieler Personalbeurteilungen liegt in ihrer eindimensionalen Ausrichtung: oft lassen sich zusätzliche Erkenntnisse damit gewinnen, dass der Bewerber nicht immer nur mit einer Blickrichtung und unter einem einzigen Aspekt beurteilt wird. Übernimmt man die Vorgehensweise der Personalbilanz, so können sich neben beispielsweise der bloßen Quantitätsbetrachtung weitere Facetten, nämlich die der Qualität und Systematik, erschließen. Im Wettbewerb um Stellen spielen „weiche", oft als nicht bewertbar beurteilte Bewerberfaktoren eine immer wichtigere Rolle. Über eine entsprechend strukturierte Personalbilanz können diese „Intangibles" einer transparent nachvollziehbaren und einheitlich durchgängigen Bewertungssystematik zugeführt werden. Wenn man Unternehmen die Möglichkeit schaffen kann, Stellenbewerber umfassend, transparent und nachvollziehbar zu beurteilen, so können diese selbst dadurch ein größeres Interesse und somit einen höheren Aufmerksamkeitsgrad erzielen. Eine für diesen Zweck angefertigte

Personalbilanz kann aber immer nur so gut sein wie die in sie eingespeisten Strukturen, Bewertungen und Beschreibungen. Jeder der erfolgsrelevanten Bewerberfaktoren sollte für sich einzeln beurteilt werden. Jeder einzelnen Beurteilung sollte ein möglichst ausführlicher Fragenkatalog vorangestellt werden, mit dem für jeden der Bewerberfaktoren quasi eine Bewertungs-Checkliste erstellt wird. Im Rahmen eines drei-dimensionalen Bewertungsprozesses wurden für die jeweiligen Bewerberfaktoren fiktiv folgende Werte angenommen:

Faktor Nr.	Bewertung Quantität	Bewertung Qualität	Bewertung Systematik
GP-1	88%	92%	70%
GP-2	90%	88%	85%
GP-3	90%	85%	75%
GP-4	5%	90%	0%
GP-5	50%	40%	10%
GP-6	40%	40%	5%
GP-7	60%	45%	10%
GP-8	20%	10%	0%
GP-9	10%	5%	0%
GE-1	90%	90%	90%
GE-2	90%	90%	85%
GE-3	90%	90%	90%
GE-4	90%	90%	90%
GE-5	90%	90%	90%
GE-6	95%	95%	90%
GE-7	85%	95%	90%
GE-8	70%	70%	75%
GE-9	100%	100%	100%
HK-1	90%	90%	85%
HK-2	98%	96%	80%
HK-3	88%	90%	70%
HK-4	90%	90%	90%
HK-5	50%	50%	80%
HK-6	60%	60%	80%
HK-7	85%	90%	90%
HK-8	40%	90%	100%
HK-9	80%	80%	90%

Aus solchen Werten können detaillierte Ampeln und Portfolios für Bewerberfaktoren entwickelt werden. Die u.a. in den Personal-Lesebogen detailliert dargestellten Profile können beide Seiten des Personalmarktes für sich nutzen, d.h. mit Hilfe der zusammengefassten Personalbilanz lässt sich sowohl ein Bewerber als auch eine Stelle oder Funktion genauer analysieren. Hiermit zusammenhängende Entscheidungen können sicherer gestaltet werden.

Bewerberprozessfaktoren-Ampel nach Quantität-Qualität-Systematik:

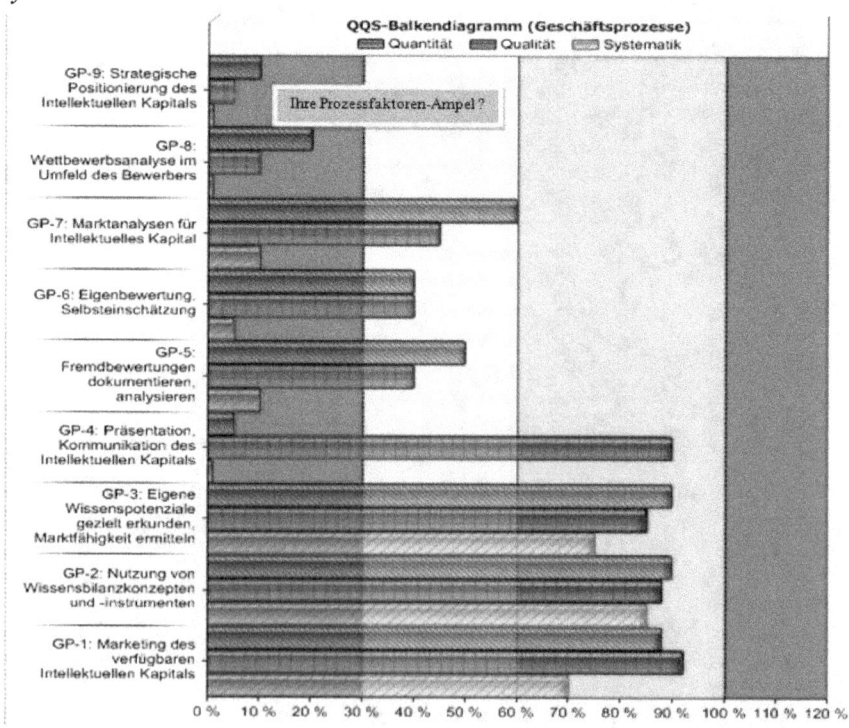

Alternative Bewerbungs- und Beurteilungswerkzeuge: im Rahmen von Bewerbungen ist das Intellektuelle Kapital das Wichtigste, auf das eine Einzelperson ihre Vermarktung aufbauen kann. Was also liegt näher, als für gut und ausgereift befundene Entwicklungen eben auf jenen leichter überschaubaren Bereich der Einzelpersonen zu übertragen und für vielleicht noch neue Wege im Bewerbermarketing zu nutzen. Die gleichen Verfahren können ebenso von der anderen Marktseite wie Personalleitern, -beratern u.a. mit gleich hohem Wirkungsgrad und Nutzen eingesetzt werden. Jedermann, der sich näher mit Wissensbilanzen beschäftigt, ist begeistert von der Eleganz und durchgängigen Logik der hierbei verwendeten Konzepte. Damit stellt sich die Frage, warum in der täglichen Praxis von Unternehmen solche Wissensbilanzen nur zögerlich oder überhaupt nicht eingesetzt werden. Eine der möglichen Antworten hierauf liegt wohl nach wie vor in der vermeintlichen Nichtfassbarkeit und Nichtmessbarkeit menschlichen Wissens. Ein weiterer Grund könnte darin liegen, dass ein in vielen Köpfen der Mitarbeiter eines Unternehmens gespeichertes Wissen als quasi Gedächtnis des Unternehmens zu komplex und vielfältig für eine genaue Kartierung des Wissenslandschaft erscheint.

Wissensbilanz-Konzept. Die Angebotsseite des Bewerbers: die Nachfrageseite des Personalsuchers. Vorgesetzte und Personalchefs. Ausgangssituation des Bewerbers: Die „3-W"-Fragen. Das Geschäftsumfeld. Visionen, Strategien, Ziele. Gesamtrahmen festlegen: Arbeitsprogramm, Faktoren-Tableau, Wissensbilanz-Clusterbildung. Bewerberfaktoren strukturieren: Bewerber-

Prozessfaktoren, Bewerber-Erfolgsfaktoren, Bewerber- Humanfaktoren, Bewerber-Strukturfaktoren, Bewerber- Beziehungsfaktoren. Bewertung nach drei Dimensionen: Interpretieren, fragen, begründen. Bewertung Prozessfaktoren, Bewertung Erfolgsfaktoren, Bewertung Humanfaktoren, Bewertung Strukturfaktoren ,Bewertung Beziehungsfaktoren, Bewertungs-Übersicht. Bewerber- und Stellen-Profile, Bewertungs-Portfolios, Eigenbild- und Fremdbildvergleiche. Das Intellektuelle Kapital umfasst alle Eigenschaften und Fähigkeiten, die einzelne Personen in ein Unternehmen einbringen, z.B.: Mitarbeiterqualifikation, soziale Kompetenz, Mitarbeitermotivation, Führungskompetenz. Humankapital ist im Besitz der betreffenden Person und verlässt mit ihr das Unternehmen. D.h. das spezifische Wissen eines Unternehmens ist zu einem bedeutenden Teil in Köpfen gespeichert. Je wissensintensiver die Leistungen des Unternehmens sind, um größer ist die Bedeutung dieses in Köpfen gespeicherten Wissens. Somit sind Mitarbeiter immer auch Produzenten und Inhaber immaterieller Vermögenswerte. D.h. Verlust von Wissensarbeitern bedeutet somit immer auch Kompetenz- und immaterielle Kapitaleinbußen. Im Rahmen des Bewerbungsvorgangs kommt es darauf an, die richtigen Kräfte zu den richtigen Stellen zu bringen, d.h. die Bewerberfähigkeiten mit den Stellenanforderungen zur Übereinstimmung zu bringen. Dabei lesen sich Bewerbungen als die eine Seite des Marktes oft wie ein Sammelsurium beliebiger Fähigkeiten und Qualitäten. Stellenanzeigen als die andere Seite des Marktes beschreiben oft wunschzettelartige Idealbilder. D.h. beide Seiten des Marktes begegnen sich zunächst mit reinen Aufzählungen von persönlichen Eigenschaften einerseits und eher stereotypen Anforderungen andererseits. Aus dem Konzept der Wissensbilanz übertragbare Methoden und Instrumente vermögen hier eine durchaus für beide Seiten produktive Brücke zu schlagen.

Bewerberprozessfaktoren Quantität-Portfolio:

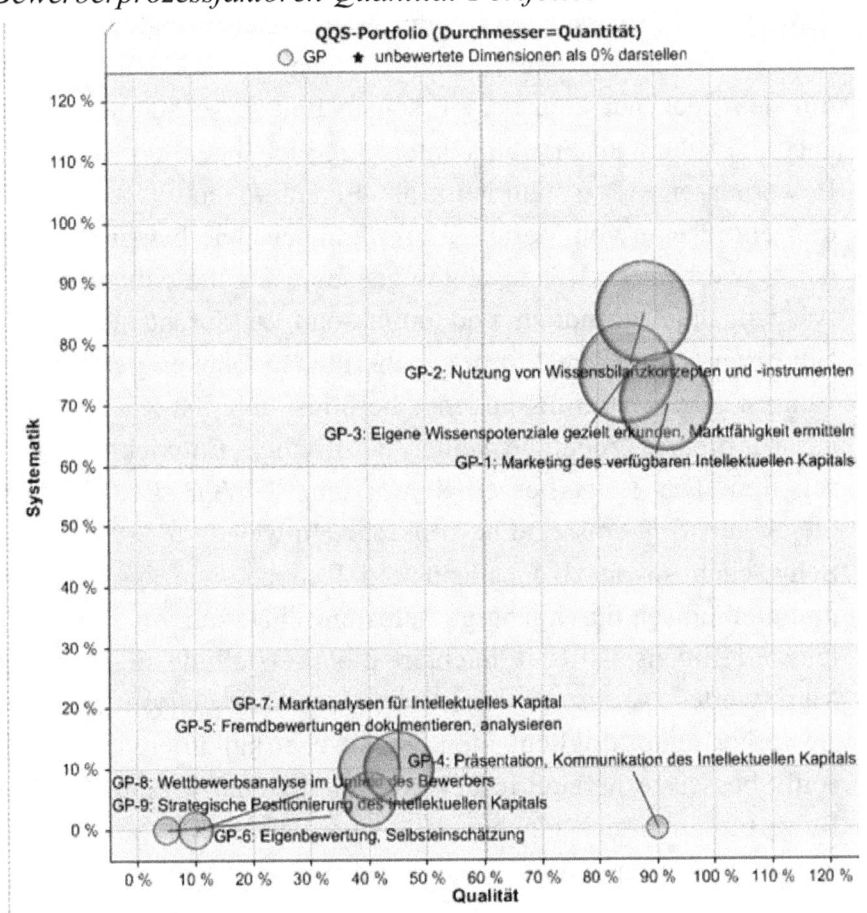

Einholung einer unabhängigen Zweit-Meinung: falls sich ein Bewerber dafür entscheidet, die mehr oder weniger standardmäßige Zusammenstellung von ansonsten üblichen Unterlagen um ein weiteres Analysepaket zu erweitern (beispielsweise um sich von der Masse der konkurrierenden Bewerbungen abzuheben und weitere Alleinstellungsmerkmale für sich zu verbuchen) sollte er vorab versuchen, hierzu eine weitere möglichst unabhängige Zweit-Meinung einzuholen. Denn je nach Blickwinkel, mit dem man auf eine Person schaut und diese beurteilt, kann auch die Bilanz im Ergebnis unterschiedlich ausfallen. Wenn ein Bewerber eine Personalbilanz als Eigenbild entwickelt würde dies eine Reihe von Vorteilen ermöglichen, wie beispielsweise: der Bewerber wird dazu angeregt, seine eigene Situation und Ausgangslage gründlich und umfassend zu durchdenken. Der Bewerber wird indirekt zum ganzheitlichen Denken geführt und kann sich einen umfassenden Überblick über Ist-Zustand und ausschöpfbare Potenziale seiner beruflichen Entwicklung verschaffen. Der Bewerber erhält mit einer SWOT-Analyse vergleichbare Ergebnisse, d.h. konkrete Hinweise zu Stärken und Schwächen sowie zu Chancen und Risiken. Die systematisch und methodisch durchgängige Selbsteinschätzung von Fähigkeiten und Eigenschaften erleichtert die Feststellung des eigenen Marktwertes. Aufgrund detaillierter Eigenbildanalyse kann der Bewerber seine Möglichkeiten realistischer kalkulieren und geht somit besser vorbereitet in Personal- und Gehaltsgespräche. Der Bewerber kann sich glaubwürdiger vermarkten, da übliche Bewerbungsunterlagen und Zeugnisse mit einer detailliert ausgearbeiteten und nachvollziehbar begründeten Personalbilanz unterfüttert werden. Der Bewerber gewinnt an Akzeptanz, wenn er auch für seine eigene Person und berufliche Entwicklung unternehmerisches Denken und Vorgehen unter Beweis stellen kann. Zusätzliche Erkenntnisse lassen sich dadurch gewinnen, dass über die aus einer Innensicht erstellten Bewertungskurven zusätzlich aus einer Außensicht erstellte Bewertungskurven gelegt werden. Eine solche Bewertung durch Dritte könnte beispielsweise erfolgen: durch Bekannte, Kollegen u.a., die möglichst neutral urteilen können, durch unabhängige Personen wie beispielsweise Personalberater oder über die Stellenbeschreibung der zu besetzenden Position.

Voraussetzung für einen derartigen Kurvenvergleich ist die Verwendung des gleichen Bilanzierungs-Schemas, d.h. der gleichen Bewertungsfaktoren und -gliederungen. Besonders auffällige Abweichungen und Lücken in den Kurvenverläufen sollten eingehender auf ihre Ursachen hin analysiert und interpretiert werden. Beispielsweise sollte bei großen Abweichungen geklärt werden, welche Wertigkeit und welches Gewicht dem entsprechenden Faktor zugemessen werden soll oder welche Möglichkeiten zur Schließung von erkannten Lücken bestehen. Zur Anschauung werden in den folgenden Grafiken für jede Faktorengruppe übereinander gelegte Kurvenverläufe für das jeweilige Eigenbild und Fremdbild dargestellt.

Eigen- und Fremdbild der Prozessfaktoren:

Dimension	Bezeichnung	Eigen-bild	Fremd-bild
Quantität	Marketing des verfügbaren Intellektuellen Kapitals	88%	55%
Qualität	Marketing des verfügbaren Intellektuellen Kapitals	92%	90%
Systematik	Marketing des verfügbaren Intellektuellen Kapitals	70%	50%
Quantität	Nutzung Wissensbilanzkonzepte, -instrumente	90%	50%
Qualität	Nutzung Wissensbilanzkonzepte, -instrumente	88%	80%
Systematik	Nutzung Wissensbilanzkonzepte, -instrumente	85%	95%
Quantität	Eigene Wissenspotenziale gezielt erkunden, Marktfähigkeit ermitteln	90%	75%
Qualität	Eigene Wissenspotenziale gezielt erkunden, Marktfähigkeit ermitteln	85%	95%
Systematik	Eigene Wissenspotenziale gezielt erkunden, Marktfähigkeit ermitteln	75%	90%

Auf jungen Bewerbern lastet ein hoher Erfolgs- und Wettbewerbsdruck. Die Konkurrenz ist groß, die Chance, auf Anhieb bei der ersten Stelle gleich einen Traumjob zu ergattern, eher gering. Direkt nach einem Studium lassen kaum alle der verlangten Qualifikationen schon vorweisen. Solche Bewerber unterliegen daher leicht der Versuchungen, ihren Lebenslauf mit

Halbwahrheiten zu garnieren, Lücken oder nicht so gute Noten zu kaschieren. Manche erfinden sogar die ansonsten fehlenden Qualifikationen. „Nicht jeder Abiturient findet auf Anhieb einen Studienplatz, Absolventen müssen manchmal auf den Beginn ihres Masterstudiums warten und später auf den Beginn des ersten Jobs. In solchen Übergangsphasen entstehen typische Lücken im Lebenslauf......gerade wenn die Noten nicht spitze sind, braucht es schon Auslandserfahrung, Praktika, erste Erfahrungen, selbständige Projekte oder freiwilliges Engagement. Dazu kommen die weichen Faktoren: Kommunikativ sollen Bewerber sein, selbständig und natürlich voller Motivation und Kreativität. Das bringt nicht jeder mit, also ist die Versuchung groß, mittels Lebenslauf-Tuning nachzuhelfen. Falsche Angaben im Lebenslauf sind kein Kavaliersdelikt. Solche Fehler können einen Bewerber vielleicht sogar sein ganzes Berufsleben negativ begleiten und sich noch Jahre später auswirken. Bei Führungspositionen ist das persönliche Profil des Kandidaten klar umrissen. Ebenso die verlangten fachlichen Qualifikationen. Alle verlangten Aspekte müssen durch Originaldokumente, Zeugnisse oder persönlich eingeholte Referenzen dokumentiert werden. Bei IT-Managern ist eine weitere wichtige Kernfrage, ob der Bewerber projektverantwortlich war oder nur mitgeschwommen ist. Es geht um die Beantwortung von Fragen wie: Was habe ich persönlich verantwortet und geleistet? Wo habe ich in meiner Gestaltungsarbeit einen Unterschied gemacht? Was war mein konkreter Leistungsbeitrag?

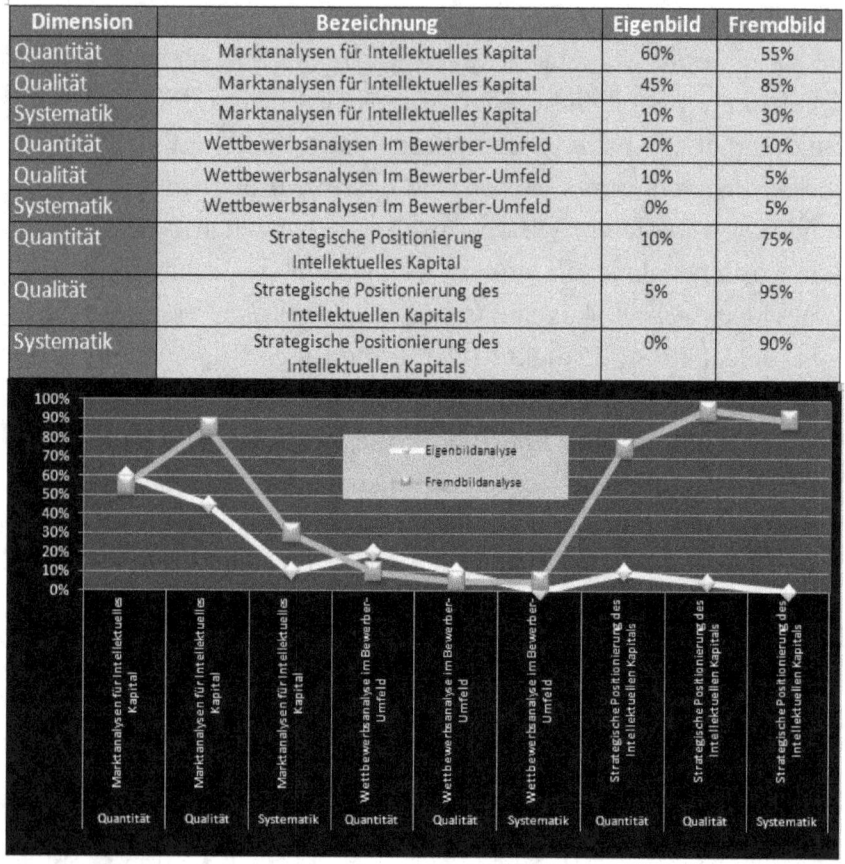

Dimension	Bezeichnung	Eigenbild	Fremdbild
Quantität	Marktanalysen für Intellektuelles Kapital	60%	55%
Qualität	Marktanalysen für Intellektuelles Kapital	45%	85%
Systematik	Marktanalysen für Intellektuelles Kapital	10%	30%
Quantität	Wettbewerbsanalysen Im Bewerber-Umfeld	20%	10%
Qualität	Wettbewerbsanalysen Im Bewerber-Umfeld	10%	5%
Systematik	Wettbewerbsanalysen Im Bewerber-Umfeld	0%	5%
Quantität	Strategische Positionierung Intellektuelles Kapital	10%	75%
Qualität	Strategische Positionierung des Intellektuellen Kapitals	5%	95%
Systematik	Strategische Positionierung des Intellektuellen Kapitals	0%	90%

Klare Bewerberziele verbessern Erfolgschancen: Hintergrund von Fragen zu Beruf und Karriere wie: wer bin ich? oder was will ich? ist die Gewissheit, dass die Person eines Bewerbers mehr ausmacht als Noten in Ausbildungszeugnissen und standardmäßig aufpolierte Formulierungen in Arbeitszeugnissen. Anhaltspunkte für eine Antwort auf solche Fragen können beispielsweise auch Referenzen liefern, sofern sie nicht nur aus reiner Gefälligkeit bescheinigt wurden. Zweites Informationsmittel in diesem Fragenkomplex wäre dann der Lebenslauf. Hier kommen jetzt wieder die manchmal milde belächelten sogenannten „weichen" Faktoren ins Spiel. So besteht in der Wirtschaftspraxis weitgehend Einigkeit darüber, dass die Managementfragen bezüglich der klassischen Produktionsfaktoren weitgehend ausgereizt sind. Anders beim Intellektuellen Kapital, d.h. den „weichen" selten oder überhaupt nicht gemessenen Faktoren: hier liegt die Managementzukunft noch vor uns. Diese Annahmen dürften ebenso auf Verfahren zutreffen, die in einem Zusammenhang mit Bewerbungen und Stellenbesetzungen stehen. Es macht nur wenig Sinn, mit einer Bewerbung den Markt zu betreten, ohne eine möglichst genaue und begründete Vorstellung darüber zu haben, für welches Leistungs-(Produkt-)angebot man selbst steht und welche Anforderungen Unternehmen als Nachfrageseite des Marktes an diesen Leistungsträger (Produktanbieter) stellen. Um ein Bild des Sportes zu verwenden: Was würden man von einem Sportler halten müssen, der zu Beginn eines Wettkampfes (irgendwie ist dies ja auch eine Bewerbung) nicht einmal die Disziplin (Laufen, Springen, Speerwerfen etc.) kennt, in der er zu diesem Wettkampf antreten will? Was würde uns ein Sportler sagen, wenn wir ihm vor Beginn einer Laufdisziplin nicht mitteilen würden, ob es um einen 100m- oder vielleicht um einen 5.000m-Lauf geht? Eine intensive Beschäftigung mit beiden zuvor genannten Kernfragen bedeutet proaktives statt reaktives Denken und Handeln. Wenn bereits in der Fahrschule starkes Gewicht auf möglichst vorausschauendes Fahren gelegt wird, so sollte man diesem Grundsatz auch oder gerade für die persönliche Berufs- und Bewerbungsplanung folgen, d.h.: Zukunftsgerichtet vorausdenken, sich bereits vorher auf ein möglichst breites Spektrum denkbarer Situationen einrichten (vielleicht hätte eine Befolgung dieses einfachen Gedankens dazu beitragen können, eine Finanzkrise zu erkennen und möglicherweise zu vermeiden, wie wir sie er- und durchleben müssen). Kundenorientiert denken und handeln, sich von der eigenen Innensicht der Dinge lösen und einmal in die Lage des Kunden hineinversetzen, d.h. des Unternehmens, das den Bewerber nach Möglichkeit einstellen und bezahlen soll. Potentialorientiert denken, d.h. nicht nur bei dem verharren was heute ist, sondern auch das denken (vielleicht sogar träumen) was morgen sein könnte und möglich wäre. Ein solchermaßen vorbereiteter Bewerber hätte bereits dadurch einen Wettbewerbsvorsprung gegenüber anderen erreicht, wenn er damit verdeutlichen kann, dass er auch unternehmerisch denkt und bereit ist, nicht nur ich-bezogen, sondern auch im Interesse seines vielleicht zukünftigen Arbeitgebers zu handeln.

Eigen- und Fremdbild der Erfolgsfaktoren:

Dimension	Bezeichnung	Eigenbild	Fremdbild
Quantität	Klar definierte Ziele	90%	60%
Qualität	Klar definierte Ziele	90%	90%
Systematik	Klar definierte Ziele	90%	80%
Quantität	Motivation, Leistungsbereitschaft	90%	95%
Qualität	Motivation, Leistungsbereitschaft	90%	95%
Systematik	Motivation, Leistungsbereitschaft	85%	95%
Quantität	Flexibilität, Anpassungsfähigkeit	90%	70%
Qualität	Flexibilität, Anpassungsfähigkeit	90%	70%
Systematik	Flexibilität, Anpassungsfähigkeit	90%	70%

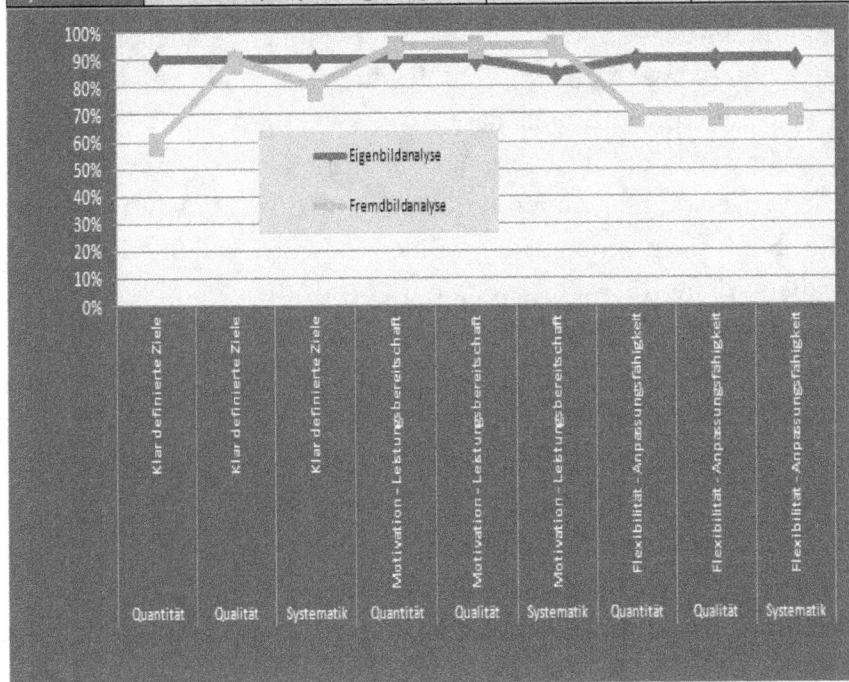

Enge Beziehung zwischen Ausbildung und Erwerbskarriere. Naturgesetze wie die der Schwerkraft gelten gleich wo und gleich welcher Art (wie die Kräfte und Wirkungsbeziehungen von Risiko und Zukunft) auch für Führungspositionen

Führungspositionen – wenn man durch das Recruitingraster gefallen ist: vor dem Hintergrund von Wirtschaftskrisen weist die Kette der Management-Fehlleistungen und Management-Fehlentscheidungen an zu vielen Stellen ungeklärte Lücken und Bruchstellen auf als dass man vor einer Wiederholung eines derartigen Krisengeschehens sicher sein könnte. So lange vor und hinter der Kamera die gleichen Personen, umgeben von den gleichen Wirtschaftsprüfern, Headhuntern und Aufsichtsräten, Regie führen, wird sich daran wohl wenig ändern. Die größte Gefahr dürfte darin liegen, dass man im Grunde seines Herzens die hier erwähnten anderen Personen überhaupt nicht haben und für Führungspositionen auswählen möchte. Allein dieser Gedanke könnte für sich bereits ein abendfüllendes Programm abgeben. Wenn man aber behaupten sollte, keine anderen Personen zu brauchen oder im Auswahlprozess finden zu können, so sollte man zumindest Vorkehrungen dahingehend treffen, dass in den Entlohnungs- und Anreizsystemen nicht ausgerechnet solche Eigenschaften und Verhaltensweisen prämiert werden, die ihren wesentlichen und damit unrühmlichen Beitrag zu Krisen geleistet haben. Regeln zu ändern und einige Personen auszutauschen würde im Grundsatz nichts ändern. Nichts aber könnte fataler sein als ein „Augen zu und durch". Der wirtschaftliche Einbruch ist meist viel zu stark, als dass man danach einfach wieder zur Tagesordnung übergehen könnte. Mit großer Wahrscheinlichkeit wäre dann auch nach der Krise nichts weiter als vor der Krise. Wie die schwere Bürde der angehäuften Schuldenberge in den Jahren nach der Krise abgetragen werden soll, steht in den Sternen. Die Frage wird unter dem Vorwand der Aktualität dringenderer Probleme verdrängt.

Als Voraussetzung für Änderungen wäre zunächst einmal Klarheit darüber zu schaffen, dass Naturgesetze wie die der Schwerkraft auch noch für Führungspositionen gleich wo und gleich welcher Art zu gelten haben. Als Beispiel für viele andere: die Kräfte und Wirkungsbeziehungen von Risiko und Zukunft. Jedem unbedarften Kleinanleger, dem die Krise seine Altersversorgung genommen hat, wird trocken und unverblümt vorgehalten, er habe vergessen, dass mehr Chancen immer auch mehr Risiko bedeuten. Gleich mitgeliefert wird die Weisheit, je weiter die Zukunft entfernt sei desto ungewisser und unsicherer sei sie nun einmal. Wären solche Gesetzmäßigkeiten doch auch in allen Führungspositionen beherzigt worden. Vor welchem Schaden könnte die Welt bewahrt werden. Ein noch erschreckenderes Szenario lässt sich ausmalen, wenn Führungspositionen im Rahmen der Auswahl nicht nur suboptimal besetzt wurden, sondern man auch im Nachhinein nicht sicher zu erkennen vermag, warum dies so war. Denn dann würde jeder Abhilfe bereits im Vorfeld das tragfähige Fundament entzogen. Wenn im Feuilleton der seriösen Frankfurter Allgemeinen Zeitung festgestellt wird, dass „die Wirtschaftspolitik in der Krise einer Notoperation ohne jede Kenntnis der Anatomie gleicht", so entsteht nicht zu Unrecht der Eindruck, dass sich manche Feuilleton-Beiträge dem Kern der Krise mehr zu nähern vermögen als viele Wirtschaftsartikel oder gar „Fachleute" in gängigen Talk-Shows.

Karriereturbo Golf – Seilschaften von Männern: Golf ist eine Männerdomäne: wo sonst werden so intensiv Seilschaften gepflegt, Deals besprochen und Posten verteilt. Meiden Frauen große Karrieresprünge, weil ihnen der Umgang an der Spitze zu rau ist? Fehlt ihnen der unbedingte Wille zur Macht? Oder sind es solche Seilschaften von Männern, die gerne unter sich sind und den Frauen den Weg an die Spitze versperren? Frauen, die sich in beruflich männerdominierte Aktivitäten einmischen wollen, müssen dabei so manches Hindernis überwinden. Gerade aber das Golfen könnte für sie auch ein Türöffner sein. „Nämlich dann, wenn sie beim Sport in den männlich dominierten Zirkeln akzeptiert werden und beweisen, dass sie in der Lage sind, Geschlechtergrenzen erfolgreich zu überwinden". Auf dem Golfplatz können sie eine gehörige Portion Vitamin B (Sozialkapital) einsammeln. Gerade in männerlastigen Branchen ist für aufstiegswillige Frauen ein funktionierendes Netzwerk wichtig. Beim Golfen könnte ein solches entstehen. Es ist ein Sporthintergrund, der die Karriere beschleunigen kann und einen positiven Einfluss auf Einstellungsentscheidungen hat. Nicht zuletzt stärkt Golf auch das Konkurrenzdenken, eine Eigenschaft, die Männer in Verbindung mit beruflichem Ehrgeiz schätzen. Barrieren auf dem Weg, Netzwerke zu einflussreichen männlichen Kollegen zu knüpfen, lassen sich für manche gute Golferin so leichter überwinden. Es spricht einiges dafür, sich auch in der Freizeit in Männerdomänen vorzuwagen.

Dimension	Bezeichnung	Eigenbild	Fremdbild
Quantität	Akzeptanz, Reputation	90%	80%
Qualität	Akzeptanz, Reputation	90%	90%
Systematik	Akzeptanz, Reputation	90%	60%
Quantität	Unabhängigkeit, Unvoreingenommenheit	90%	80%
Qualität	Unabhängigkeit, Unvoreingenommenheit	90%	75%
Systematik	Unabhängigkeit, Unvoreingenommenheit	90%	60%
Quantität	Klare Wertvorstellungen	95%	70%
Qualität	Klare Wertvorstellungen	95%	85%
Systematik	Klare Wertvorstellungen	90%	90%

Einkommen und Verlauf der Erwerbskarrieren: eigentlich wäre es durchaus normal und angemessen, wenn die Lebensentgelte mit steigender Bildung ebenfalls stiegen: aber wann und um wie viel? In einer Studie des Instituts für Arbeitsmarkt- und Berufsforschung sind die Autoren Schmillen und Stüber dieser Frage detailliert nachgegangen: in Form eines allerdings nur hypothetischen Erwerbsverlaufs wurden bildungsspezifische Jahresentgelte vom 19. bis zum 65. Lebensjahr kalkuliert. In dieser Studie hat man hierzu herausgefunden: beim Vergleich von Personen mit und ohne Berufsausbildung gibt es ganz zu Beginn der Erwerbskarrieren bei durchschnittlichen Jahresentgelten kaum Unterschiede: bereits ab dem 20. Lebensjahr ist aber das Erwerbseinkommen der Ausgebildeten im Durchschnitt um 4.000 Euro pro Jahr höher. Die Einstiegsentgelte von Abiturienten und Hochschulabsolventen ähneln zwar zunächst dem, was Personen auch ohne Abitur verdienen, steigen dann aber bis zum 40. Lebensjahr deutlich mehr. Dies wirkt sich so aus, dass Hochschulabsolventen im Alter von 40 Jahren im Vergleich zu Personen ohne Berufsausbildung und Abitur durchschnittlich das 2,7-fache verdienen. Berücksichtigt hat man in dieser Rechnung bereits, dass Personen mit höherer Bildung meist erst später in ein Berufsleben eintreten. Aber auch in der zweiten Hälfte des Erwerbslebens verdienen Akademiker deutlich besser als Nicht-Akademiker. Es besteht also eine enge Beziehung zwischen Ausbildung und Erwerbskarriere.

Dimension	Bezeichnung	Eigenbild	Fremdbild
Quantität	Verlässlichkeit, Termintreue	85%	80%
Qualität	Verlässlichkeit, Termintreue	95%	90%
Systematik	Verlässlichkeit, Termintreue	90%	70%
Quantität	Innovationsfähigkeit, -bereitschaft	70%	80%
Qualität	Innovationsfähigkeit, -bereitschaft	70%	80%
Systematik	Innovationsfähigkeit, -bereitschaft	75%	60%
Quantität	Loyalität	100%	50%
Qualität	Loyalität	100%	60%
Systematik	Loyalität	100%	60%

Intensive Beschäftigung mit Bewerberfaktoren: wenn in dem System der Präsentation und Prüfung des Intellektuellen Kapitals die Stufe der an jeden einzelnen Faktor zu formulierenden Fragen eingebaut wird, wird damit auch eine zwangsläufige Auseinandersetzung mit wichtigen Personalfragen in Gang gesetzt. Danach werden für jeden einzelnen Bewerberfaktor drei Bewertungen durchgeführt: a) nach seiner Quantität, b) nach seiner Qualität und c) nach seiner Systematik. Jede dieser drei

Bewertungen wird ihrerseits wiederum ausführlich begründet. Wenn jeder der Bewerberfaktoren einem mehrstufigen Bewertungsprozess unterzogen wird, entsteht hieraus ein durchdachtes und anhand konkreter Bewertungsziffern nachvollziehbares Bild des jeweiligen Bewerberfaktors. Aus diesen zahlreichen Einzelbildern lässt sich für die Präsentation und Prüfung des Intellektuellen Kapitals ein ebenso konturscharfes wie auch genaues Gesamtbild herstellen. Eines ist bereits im Vorfeld gesichert: die für die Erstellung einer Personalbilanz entwickelte Vorgehenssystematik erzwingt eine intensive Beschäftigung und Auseinandersetzung mit allem, was mit Bewerberfaktoren zusammenhängt. Allein durch die hierbei geleisteten Vorarbeiten fällt ein gesicherter Gewinn an entsprechendem Erkenntniswissen zu. Mit den hierbei zu entwickelnden Ampel-Profilen und Faktoren-Portfolios dürfte der Bewerber nicht nur in Form seiner Bewerbungsunterlagen einen höheren Aufmerksamkeitsgrad erzielen. Er hat zum Ausdruck gebracht, dass er mit den Planungsinstrumenten eines potenziellen Arbeitgebers vertraut ist und bereit ist, seinen beruflichen Werdegang auf proaktivem Handeln aufzubauen. Instrumente einer Personalbilanz können nicht nur individuell angepasst, sondern auch fortlaufend ausgebaut, verbessert und verfeinert werden.

Dimension	Bezeichnung	Eigen-bild	Fremd-bild
Quantität	Ausbildung, Professional Development	90%	75%
Qualität	Ausbildung, Professional Development	90%	60%
Systematik	Ausbildung, Professional Development	85%	50%
Quantität	Führungs-, Sozialkompetenz, Verhandlungssicherheit	98%	95%
Qualität	Führungs-, Sozialkompetenz Verhandlungssicherheit	96%	90%
Systematik	Führungs-, Sozialkompetenz Verhandlungssicherheit	80%	90%
Quantität	Fachkompetenzen, Expertenwissen	88%	95%
Qualität	Fachkompetenzen, Expertenwissen	90%	95%
Systematik	Fachkompetenzen, Expertenwissen	70%	90%

Das magische Wort heißt Kompetenz. U.a. spricht man von Sachkompetenz, Methodenkompetenz, Beurteilungskompetenz, Orientierungskompetenz oder Handlungskompetenz. Verschiedene Einzelkompetenzen, die eng miteinander verschränkt sind

Kompetenz? – Sachkompetenz als Leitkompetenz: im Bereich der Bildungspolitik soll die Sachkompetenz und, daraus resultierend, die Beurteilungskompetenz als deren dritte Niveaustufe mit Hilfe der Methodenkompetenz entwickelt werden (in einem komplexen Mechanismus greift so ein Rad in das andere). Manche Lehrer glauben, dass die Erfassungskompetenz von Mengen und Mächtigkeit wichtiger sei als stures Rechnen. Trotz der bereits in jedem Smartphone verfügbaren Rechenkapazität sollte einem Schüler nicht vorenthalten werden, sich auch das große Einmaleins zu erschließen. Die Schüler sollten sich erst eine Meinung bilden, wenn sie auf konkreter Faktenkenntnis beruht. Es gibt Lehrer, die befürchten, dass an der Schule vor dem Hintergrund zu erreichender Kompetenzen, nur „noch das „Ungefähre" geplant werde. Ob Schüler ihre Lernziele erreichen, werde bald nur noch daran abgelesen, wie stark ihre kommunikative Leistung sei. Immer unklarer werde, was denn eigentlich verbindlich gelernt und behalten werden muss. Einer kommentiert: „die Anforderungen an die Schüler kommen mir vor wie Geigenunterricht, bei dem sie das Instrument beschreiben, Musikbeispiele anhören und dann sagen, wie ihnen das alles gefällt. Eine Fülle von Kompetenzen lässt sich dabei gewinnen – nur Geige spielen lernen sie nicht".

Das Wort Manipulation hat einen negativen Beigeschmack. Obwohl: „Alles, was wir tun, hat den Zweck, unsere bewussten und unbewussten Bedürfnisse zu befriedigen", wir also alle manipulieren. Schon Kinder beherrschen die Kulturtechnik der Manipulation wenn sie Verhaltensmustern folgen, mit denen sie schon einmal erfolgreich ihren Willen durchgesetzt haben. Nach dem Rat von Experten kann man sich gegen Manipulation schützen, „indem man sie kennt und wiedererkennt". Hilfreich ist auch, wenn man eigene Schwachpunkte kennt und offen mit ihnen umzugehen weiß: habe ich ein Helfersyndrom? sage ich zu schnell ja, wenn jemand an meine Eitelkeit appelliert? werde ich weich, wenn eine Frau in Tränen ausbricht? Es gibt charmante Manipulatoren:"das sind expressive Menschen, die sofort die Aufmerksamkeit auf sich ziehen und ihrem Gegenüber vermitteln, dass sie in diesem Moment der perfekte Gesprächspartner sind" (wenn der Chef mit treuen Hundeaugen und charmantem Lächeln wieder einmal um Überstunden bittet). Und es gibt „harte" Manipulatoren, die ihr Gegenüber emotional (und körperlich) einzuengen versuchen (sich auf den Schreibtisch eines Kollegen setzen, um Überlegenheit/ Macht zu zeigen).

Wissensmanagement-Grundsatzfragen: es sollte untersucht werden, wie Wissensaspekte auf verschiedenen Zielebenen integriert werden können. Die Weiterentwicklung und Pflege der identifizierten Wissensbasis sollte bewusst in den Mittelpunkt zukünftiger Planungsaktivitäten gestellt werden. D.h. ein effizientes Wissensmanagement gilt als Quelle für Wachstum und Gewinn, in der Vision des Unternehmens sollte zusätzlich auch die Wissenskomponente als zentrales Element der Wertschöpfung des Geschäftserfolges aufgenommen werden: welches Wissen ist heute und welches morgen entscheidend für Geschäftserfolge? worin liegen Sinn und Notwendigkeit von Wissenszielen? welches sind die besonderen Herausforderungen bei der Definition von Wissenszielen? ist bekannt, wo und wie stark die Hebelfähigkeiten des vorhandenen Wissens angesetzt werden können? werden die allgemeinen Unternehmensziele in strategische und operative Wissensziele übersetzt? wird überprüft, inwieweit Wissensziele erreicht wurden? sind die relevanten Einflussfaktoren zur Entwicklung des Intellektuellen Kapitals identifiziert?

Potentialorientiert denken, d.h. nicht nur bei dem verharren was heute ist, sondern auch das denken was morgen möglich sein könnte: nach der Kernfrage Nr. 1 „Was kann ich?" werden unter dem Gesichtspunkt der Marktorientierung zusätzlich die Kernfragen Nr. 2 und Nr. 3 in den Mittelpunkt gerückt: Wer bin ich? Was will ich? Beim Intellektuellen Kapital, d.h. den „weichen" selten oder überhaupt nicht gemessenen Faktoren liegt die Managementzukunft noch vor uns. Diese Annahmen dürften ebenso auf Verfahren zutreffen, die in einem Zusammenhang mit Bewerbungen und Stellenbesetzungen stehen. Es macht nur wenig Sinn, mit einer Bewerbung den Markt zu betreten, ohne eine möglichst genaue und begründete Vorstellung darüber zu haben, für welches Leistungs-(Produkt-)angebot man selbst steht und welche Anforderungen Unternehmen als Nachfrageseite des Marktes an diesen Leistungsträger (Produktanbieter) stellen.

Dimension	Bezeichnung	Eigen-bild	Fremd-bild
Quantität	Teamfähigkeit	85%	80%
Qualität	Teamfähigkeit	90%	70%
Systematik	Teamfähigkeit	90%	70%
Quantität	Regelmäßige Fort- und Weiterbildung	40%	45%
Qualität	Regelmäßige Fort- und Weiterbildung	90%	80%
Systematik	Regelmäßige Fort- und Weiterbildung	100%	60%
Quantität	Allgemeinwissen	80%	70%
Qualität	Allgemeinwissen	80%	60%
Systematik	Allgemeinwissen	90%	60%

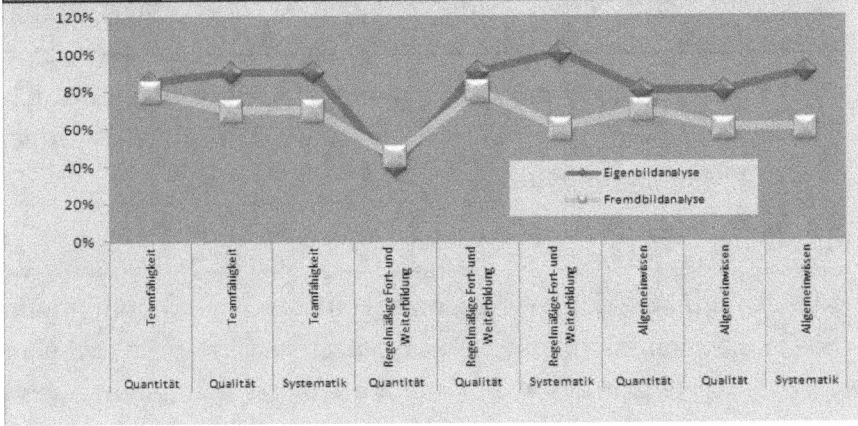

Unternehmerisches Bewerberdenken: wenn bereits in der Fahrschule starkes Gewicht auf möglichst vorausschauendes Fahren gelegt wird, so sollte man diesem Grundsatz auch oder gerade für die persönliche Berufs- und Bewerbungsplanung folgen, d.h.: zukunftsgerichtet vorausdenken, sich bereits vorher auf ein möglichst breites Spektrum denkbarer Situationen einrichten (vielleicht hätte eine Befolgung dieses einfachen Gedankens dazu beitragen können, eine Finanzkrise zu erkennen und möglicherweise zu vermeiden, wie wir sie er- und durchleben müssen). Kundenorientiert denken und handeln, sich von der eigenen Innensicht der Dinge lösen und einmal in die Lage des Kunden hineinversetzen, d.h. des Unternehmens, das den Bewerber nach Möglichkeit einstellen und bezahlen soll. Potentialorientiert denken, d.h. nicht nur bei dem verharren was heute ist, sondern auch das denken (vielleicht sogar träumen) was morgen sein könnte und möglich wäre. Ein solchermaßen vorbereiteter Bewerber hätte bereits dadurch einen Wettbewerbsvorsprung gegenüber anderen erreicht, wenn er damit verdeutlichen kann, dass er auch unternehmerisch denkt und bereit ist, nicht nur ichbezogen, sondern auch im Interesse seines vielleicht zukünftigen Arbeitgebers zu handeln.

Träger von Fähigkeiten und Besitzer von Erfahrungen: die kleinste Einheit des Wissensmanagements ist das Individuum als Träger von Fähigkeiten und Besitzer von Erfahrungen. Häufig ist der Organisation nur ein Teil dieser Fähigkeiten (z.B. Ausbildung, Sprachkenntnisse) bekannt. Diese bekannten Daten bilden aber nur einen Teil der Mitarbeiterfähigkeiten ab: wer die Fähigkeiten der Mitarbeiter nicht kennt, verpasst die Gelegenheit, sie zu nutzen (mangelnder Zugriff auf internes Expertenwissen). Erfolg hängt zuerst immer von Mitarbeitern ab. Diesen ist wichtig, dass sie sich ernst genommen und gerecht behandelt fühlen. Als Mitarbeiter sind sie dann motivierter, engagierter und fester in das Unternehmen eingebunden. Sie fühlen sich auch für den Erfolg verantwortlich. Die Ressource "Humankapital" weist somit eine Reihe charakteristischer Merkmale auf. Wertschöpfung: menschliche Arbeit wird zunehmend als Quelle für betriebliche Wertschöpfung erkannt, sie ist jedoch nicht von den Personen, die sie leisten, zu trennen. Wertvorstellungen: Menschen in Organisationen sind keine passiven Gestaltungsobjekte, sondern Träger von Zielen, Bedürfnissen, Wertvorstellungen und der Möglichkeit des (re-)aktiven Handelns, was sich u.a. in der Aversion gegenüber (zusätzlicher) Steuerung und Kontrolle manifestiert.

Eigen- und Fremdbild der Beziehungsfaktoren:

Dimension	Bezeichnung	Eigenbild	Fremdbild
Quantität	Publikationen	90%	100%
Qualität	Publikationen	95%	100%
Systematik	Publikationen	0%	50%
Quantität	Zielgruppenkontakte	5%	0%
Qualität	Zielgruppenkontakte	4%	0%
Systematik	Zielgruppenkontakte	50%	10%
Quantität	Kontakte zu Kompetenznetzwerken	50%	40%
Qualität	Kontakte zu Kompetenznetzwerken	90%	30%
Systematik	Kontakte zu Kompetenznetzwerken	30%	10%

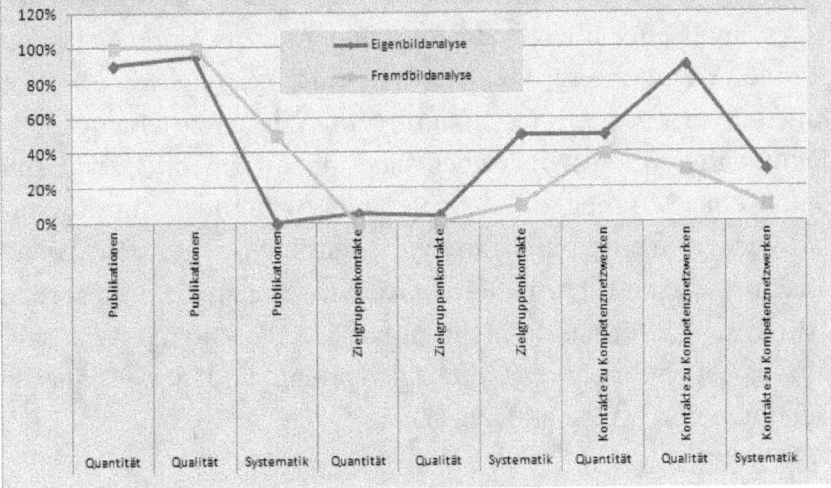

Wissenstransfer braucht Personal-Erfahrungsprofile: wer effizientes Wissensmanagement betreiben will, muss die Prozesse im Unternehmen genau kennen. Dazu gehören die zur Durchführung einzelner Prozesse benötigten Informationen ebenso wie die an diesen Prozessen beteiligten Mitarbeiter. Bezüglich Erfahrungswissen bei der Projektarbeit ist es wichtig, dass für den notwendigen Wissenstransfer Erfahrungsprofile der Mitarbeiter dokumentiert und gepflegt werden. Für die Zusammenstellung von Projektteams sind diese Erfahrungsprofile eigentlich unabdingbar. Gespeichert werden Daten über die Expertise von Mitarbeitern, Universitäts- und Industriekontakten. Damit ist ein erster Schritt zur Verknüpfung von Projekt- und Wissensmanagement getan. Oft ist es weiter hilfreich, Berichte vergangener Projekte zu durchforsten und zugänglich zu machen. Es geht um die Verknüpfung des internen methodischen Knowhows mit dem jeweiligen Anwendungsbereich. Eine erfahrungssichernde Projektdokumentation erfordert zwar Zeit. Aber nur wer schnell und einfach auf Vorhandenes zurückgreifen kann, gewinnt Freiräume für kreative neue Lösungswege. Eine Hauptaufgabe wird deshalb in Zukunft sein, Wissen zu erzeugen, zu dokumentieren, auszutauschen und anzuwenden. Dabei sind Daten eine Möglichkeit, Sachverhalte abzubilden, Informationen wiederum sind eine sinnvolle Anordnung von Daten. Daten sind zur Massenware mit abnehmendem Grenznutzen geworden. Somit muss Information nicht immer bereits schon Wissen sein: Wissen ist vielmehr erst die Anwendung und der produktive Gebrauch von Informationen.

Scheitern ist als dunkle Schwester des Erfolgs allzu menschlich — Folgen für die Bestimmung des Selbstwert- und Identitätsgefühls: Führungskräfte können scheitern: ernüchtert oder gar verbissen. Und oft an ihrer eigenen Unfehlbarkeitsüberzeugung. Plötzlich sind sie verschwunden, die Welt dreht sich weiter wie zuvor. Nur macht jetzt eben ein anderer ihren Job. Nicht alle scheitern. Trotzdem sollten Führungskräfte die Möglichkeit eines Scheiterns am besten mit einplanen. Denn manchmal kann es schnell gehen. Denn oft werden Manager in Ziele hinein gehetzt, die wahrscheinlich nicht erreichbar sind. Oder sie haben einfach nur Pech. Auch hierfür gäbe es viele Möglichkeiten. Vielleicht ging ihnen auf ihrer Karriereleiter aber auch irgendwann einmal der Realitätssinn verloren und sie haben in ihrem komfortablen Chefzimmer die Welt nur noch gefiltert wahrgenommen: Erfolge schreiben sie sich selbst zu, Misserfolge indes den Mitarbeitern oder den Umständen. In jedem Fall schmälert eine eingeschränkte Sicht der Dinge die Fähigkeit, aus Misserfolgen zu lernen. D.h. die notwendige Offenheit für eine nüchterne Ursachenanalyse.

„Scheitern ist die dunkle Schwester des Erfolgs. Ohne die Möglichkeit des Scheiterns wäre der Erfolg nicht wert". Fast immer hat ein Scheitern Folgen für die Bestimmung des Selbstwert- und Identitätsgefühls. Denn letztlich ist Scheitern immer relativ und bezogen auf das persönliche Anspruchsniveau. Genauso unberechenbar ist der Umgang mit dem Scheitern: „das Spektrum reicht vom Scheitern als finalem Punkt einer Entwicklung bis hin zum kompletten Gegenteil, der Neufindung". Scheitern ist eine narzisstische Kränkung, die Erfahrung der Entwertung seiner selbst. Aber man kann auch stärker als zuvor (geläutert und gereift) aus einer Niederlage herausfinden. Denn die eigentliche Ursache liegt oft in der Unangemessenheit des eigenen Karriereplans, der sich mit der äußeren Wirklichkeit nicht vereinbaren lässt. Wird einem dies im Augenblick der Niederlage selbst klar, steht man unweigerlich vor der Frage: wer bin ich eigentlich?

Dimension	Bezeichnung	Eigenbild	Fremdbild
Quantität	Vereinsmitgliedschaften	30%	40%
Qualität	Vereinsmitgliedschaften	80%	70%
Systematik	Vereinsmitgliedschaften	50%	55%
Quantität	Teilnahme an Messen, Kongressen u.a.	20%	30%
Qualität	Teilnahme an Messen, Kongressen u.a.	60%	50%
Systematik	Teilnahme an Messen, Kongressen u.a.	60%	40%
Quantität	Mitarbeitergespräche, -konferenzen	50%	20%
Qualität	Mitarbeitergespräche, -konferenzen	50%	80%
Systematik	Mitarbeitergespräche, -konferenzen	80%	10%

Intellektuelles Kapital schlägt eine Brücke zwischen Angebot und Nachfrage – Bewerber müssen alles daran setzen, um ihre Ressourcen Talent, Wissen und Erfahrungen auch in dem Arbeitsumfeld von morgen zu etablieren. Unternehmen müssen kontinuierlich prüfen, welche Kompetenzen sie selbst "besitzen" und welche sie von außen einkaufen wollen

Gutes und qualitativ hochwertiges Intellektuelles Kapital ist ein knappes Gut und wird sich in Zukunft möglicherweise noch weiter verknappen. Die systematische Bewertung und Bilanzierung von Intellektuellem Kapital schlägt eine Brücke zwischen Angebot und Nachfrage: auf der einen Seite dürfen Bewerber nicht die Entwicklungen bei der Verwendung von Intellektuellem Kapital versäumen. Vielmehr müssen sie alles daran setzen, um ihre Ressourcen Talent, Wissen und Erfahrungen auch in dem Arbeitsumfeld von morgen zu etablieren. Auf der anderen Seite tragen auch die aufwendigsten Recruitingmaßnahmen nur ungenügend Früchte oder bleiben ganz wirkungslos, wenn personalsuchende Unternehmen nicht bereits intern die Voraussetzungen für eine systematische Identifizierung und Bewertung von Intellektuellem Kapital schaffen. Der Unternehmenserfolg hängt entscheidend davon ab, die richtige Kraft an der richtigen Position einzusetzen. Beim Humankapital geht es um Menschen, die ausgebildet, informiert und flexibel sind. Um Menschen, die über das nachdenken, was sie tun und bereit sind, Initiativen zu ergreifen. Um Menschen, die bereit sind, zu lernen und offen für innovative Veränderungen sind. Um Menschen, die fähig sind, sich auf einer "Just-in-time"-Basis neues Wissen und neue Fertigkeiten anzueignen. Um Menschen, die Fachliteratur lesen und fähig sind, in interdisziplinären Teams zu arbeiten. Um Menschen, die bereit sind Verantwortung zu übernehmen und Mitverantwortung für das Erreichen von Zielen akzeptieren. Um Menschen, die Unternehmensprobleme als ihre eigenen betrachten.

Kernkompetenzen sichern-ausbauen, Ziel/Ergebnis: jedes Unternehmen sollte kontinuierlich prüfen, welche Kompetenzen das Unternehmen selbst "besitzen" muss und welche es von außen einkaufen kann/soll. Vorgehen: es sollte ein systematisches Verzeichnis darüber angelegt werden, welches Fachwissen bereits intern verfügbar ist. Vom aktuellen Fachwissen ausgehend kann analysiert werden, welches Fachwissen zukünftig erforderlich ist, um die Existenz des Unternehmens sicherzustellen und neue Marktchancen rechtzeitig nutzen zu können. Es sollte festgestellt werden, welche Ausbildungs- und Trainingsprogramme aufgesetzt werden müssen, um den Bestand an Kernkompetenzen zu erhalten und/oder auszubauen. Kein Unternehmen kann sich in Zukunft in diesem Bereich Nichtwissen leisten. Die Kompetenzen bestimmen das Ausmaß der in Mitarbeiter zu tätigenden Investitionen. D.h. Investitionen in die Kernbelegschaft, in Lernprozesse und hierzu benötigte Technologien.

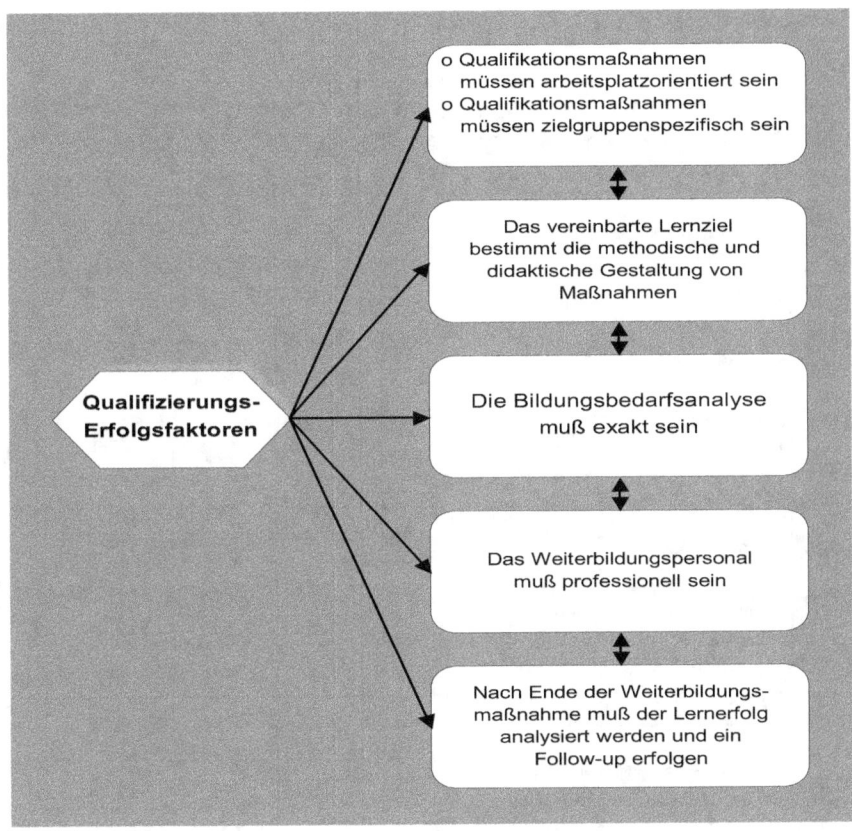

Wie hoch ist die Fluktuation? Mit einer speziellen Fluktuationsstatistik kann nicht nur ermittelt werden, wie viele Arbeitnehmer während einer bestimmten Periode das Unternehmen verlassen haben, sondern ergänzend untersucht werden, auf welche Art die Arbeitsverhältnisse beendet wurden und aufgrund welcher Ursachen dies geschehen ist. Bereits allein durch die verlangte Angabe der verschiedensten Abgangs- und Zugangsgründe wird ein effizienter Zwang ausgeübt, diese Ereignisse in die Planung einzubeziehen:

	Abteilung:	Qu. 1	Qu. 2	Qu. 3	Qu. 4
	A. Natürliche Fluktuation				
1	Tod	1			
2	Pensionierung/Invalidität	1		1	
3	Berufsaufgabe (z.B. Heirat)				1
4	Berufswechsel	0	0	2	1
5	Schule/Studium	1	0		1
6	Wegzug	2		2	
7	Mutterschutz		1	1	2
8	Bundeswehr				
9	Sonstige		1		2
	SUMME	5	2	6	7
	B. Betrieblich bedingte Fluktuation				
1	Vertragsablauf			1	
2	Rationalisierung	1	1		2
3	Gegenseitiges Einvernehmen	2	1	2	
4	Mangelnde Eignung/Leistung	2			1
5	Sonstige	1			1
	SUMME	6	2	3	4
	C. Beeinflussbare Fluktuation				
1	Finanzielle Verbesserung	1		2	2
2	Bessere Aufstiegsmöglichkeiten	2		1	2
3	Unzufriedenheit mit Einsatz/-ort			1	1
3.1	- mit Art der Tätigkeit			1	1
3.2	- mit Arbeitsbedingungen			1	1
3.3	- mit betrieblichen Leistungen	2		1	3
3.4	- mit Arbeitszeit	1			
4	Unzufriedenheit mit Vorgesetzten	1			1
4.1	- mit Kollegen	1		3	
4.2	- mit Betriebsklima		2	1	1
4.3	- mit Führungsstil	2		2	2
5	Sonstige	2	1		3
	SUMME	12	7	11	15
	GESAMTFLUKTUATION (A.+B.+C.)	23	11	20	26

Zur Berechnung einer Fluktuationsrate können verschiedene Formeln verwendet werden:

$$\text{a) Fluktuation} = \frac{\text{Zahl der Abgänge} \times 100}{\text{durchschnittlicher Personalbestand}} \quad (\%)$$

$$\text{b) Fluktuation} = \frac{\text{Zahl der Abgänge} \times 100}{\text{Personalbestand zu Beginn} + \text{Zugänge}} \quad (\%)$$

$$\text{c) Fluktuation} = \frac{\text{ersetzte Abgänge} \times 100}{\text{durchschnittlicher Personalbestand}}$$

$$(\text{ersetzte Abgänge} = \frac{\text{Zugänge} + \text{Abgänge} ./. \text{absolute Differenz zwischen Zu- und Abgängen}}{2})$$

Für die Ermittlung der Fluktuationskosten müssen alle durch den Abgang des alten Arbeitnehmers verursachten Kosten wie beispielsweise Zeugnisausfertigung, Vorbereitung Arbeitspapiere oder Abgangsgespräch sowie zusätzlich auch sämtliche mit der Einstellung und Einführung des neuen Arbeitnehmers verbundenen Kosten eingerechnet werden. Die Jahres-Fluktuationskosten werden errechnet aus:

$$= \frac{\text{durchschnittlicher Personalbestand} \times \text{Fluktuationsquote} \times \text{durchschnittliche Fluktuationskosten je Mitarbeiter}}{100}$$

			1. Qu.	2. Qu.	3. Qu.	4. Qu.
A.		Unmittelbare Fluktuationskosten				
	1.	Ausgabenwirksame Kosten				
		a) Einstellung				
		- Inserate, Personalwerbung				
		- Vorstellung				
		- Gutachten				
		- Trennungsentschädigung				
		- Umzugskosten				
		- Wohungsbeschaffung				
		- Ablösung von Darlehen				
		- sonstige				
		Zwi-Summe				
		b) Einarbeitung				
		- Gehalt				
		- Sozialkosten				
		- Fortbildungskosten				
		Zwi-Summe				
		c) Überbrückung				
		- Aushilfen				
		- Überstunden				
		- sonstige				
		Zwi-Summe				
		d) kurzfristig zurückliegende Ausbildungskosten (anteilig)				
	2.	Anteilige Abteilungskosten				
		a) Personalabteilung				
		- Austrittsgespräch				
		- Bewerbungsgespräch				
		- Verwaltungsformalitäten				
		- Vorstellung andere Mitarbeiter				
		- Einführung in Arbeitsgebiet				
		- Wohnungsmakler				
		- Einholung Auskünfte				
		- sonstige				
		Zwi-Summe				
		b) Fachabteilung				
		- Bewerbungsgespräche				
		- Einweisung in Arbeitsgebiet				
		- Einarbeitungskosten				
		Zwi-Summe				
		c) Unternehmensleitg./Bereichsltg.				
		- Beteiligung Bewerberauswahl Vorstellung				
		Zwi-Summe				
		d) Gesundheitsdienst				
		e) Betriebsrat				
B.		Mittelbare Fluktuationskosten				
		- Produktionsstörungen				
		- Erhöhter Werkzeugverschleiss				
		- Anfängl. höhere Unfallquote				
		- Unruhe unter Belegschaft				
		Zwi-Summe				
		GESAMT				

Personalauswahl und -integration verbessern. Ziel/Ergebnis: Aufgabe der Personalauswahl ist, das Eignungspotential von Bewerbern festzustellen, um diejenigen auszusuchen, die die Anforderungen der zu besetzenden Stelle bestmöglich erfüllen. Grundlage für Geschäftserfolge ist vor allem auch die Selektion der richtigen Mitarbeiter, primär über soziale Kontrolle und weniger über Top-Down-Führung. Ein Unternehmen sollte darauf achten, stets mehr Arbeit als Köpfe zu haben. Vorgehen: Intoleranz gegenüber Schlechtleistung ist notweniger Bestandteil einer leistungsorientierten Kultur. D.h.: hohe Leistung erfordert Intoleranz gegenüber Drückebergerei und frühe Trennung von Mitarbeitern, die nicht bereit sind im Sinne der Vision/Ziele des Unternehmens mitzuziehen (die verbleibenden Mitarbeiter bedanken sich mit Hochleistung). Für das Personalcontrolling wichtig sind u.a. Effizienz-Kennzahlen zur Personalwerbung. Anzahl Bewerber pro angebotene Stelle: eine im Verhältnis zu vergleichbaren Betrieben niedrigere Anzahl von Bewerbern kann auf eine niedrigere Attraktivität des Unternehmens oder einen zu niedrigen Bekanntheitsgrad zurückzuführen sein. Niedrige Vorstellungsquoten können auf Nichtbeachtung klar definierter Selektionskriterien durch die Bewerber oder auf Fehler beim Einsatz des Selektionsmix durch die personalsuchende Stelle verursacht sein. Wirkungsprognose: der Erfolg lässt sich anhand von Indikatoren beurteilen. Zuverlässige Auswahl guter Anfangskandidaten: Analyse der Anfangsfluktuation. Kostenoptimierung der Auswahlverfahren: Befragung der Kandidaten von Auswahlverfahren. Positives Verkaufen von Unternehmen und Stelle: Auswertung der Probezeitbeurteilungen, Dauer der Bewerbungsabwicklung, Auswertung der Potentialbeurteilungen, Auswahlkosten je Einstellung. Neue Mitarbeiter schnell produktiv machen: Befragung neuer Mitarbeiter. Kosten der Einarbeitung gering halten: Round Table mit neuen Mitarbeitern. Neue Mitarbeiter an das Unternehmen binden: Einarbeitungskosten pro neuer Mitarbeiter, Fluktuationsrate.

Professional Development und Leadership forcieren. Ziel/ Ergebnis: die richtige Balance zu finden entlang der Frage, wie viel Innovation und wie viel Tradition ein Unternehmen braucht, um wirtschaftlich erfolgreich zu sein, braucht "Leadership". Auf der einen Seite steht das perfekte Organisieren von Abläufen mit zugehörigem Planen und Kontrollieren, auf der anderen Seite das Bestreben, Mitarbeiter mit Visionen zu inspirieren und zu motivieren. Die Ansprüche von Mitarbeitern sind hoch: der Vorgesetzte soll Autorität besitzen, fachlich gut, menschlich, verständnisvoll, fair, gerecht u.a. sein. Immer im Auge behalten werden sollte: ein Chef-Arbeitnehmer-Verhältnis ist selten eine demokratische Veranstaltung. Ein Chef ist ein Chef, ob das nun gut ist oder nicht. Vorgehen: es geht darum Kräfte zu fördern, Neues zu schaffen und den Wandel zu bewältigen. Viele typische Leadership-Eigenschaften fallen unter die sogenannten Soft-Skills und können nachhaltig nur in der Praxis, d.h. weniger in Führungsseminaren, erlernt werden. Leadership- Fähigkeiten sind u.a. Kommunikations- und Repräsentationskompetenz, Konfliktmanagement und die Fähigkeit, Ziele nicht nur zu setzen, sondern auch zu diesen Zielen hinführende Wege aufzuzeigen. Der durchschnittliche Mitarbeiter lästert/ärgert sich mehrere Stunden pro Woche über seine Chefs. Meist wird nur selten ehrliches und offenes Feedback gegeben; stattdessen gibt es häufig nur vorauseilenden Gehorsam ("bei uns ist die Hölle oben und der Himmel untern"). D.h.: bloß weil jemand fachlich gut ist, muss er nicht automatisch auch ein guter Vorgesetzter sein. Führen muss als eigenständige Aufgabe gesehen werden: Personalverantwortung heißt vor allem auch Beziehungsarbeit übernehmen. Wirkungsprognose: Leader handeln eher mit einem Blick auf das Gesamtbild, reine Manager behalten mehr die Details von Prozessen im Blick. Leader sind nicht besser als Manager, sie sind anders. Problematisch sind Leader, die zu oft ihren Launen nachgeben: in kurzen Zeitabständen zeigen sie einmal auch für abgelegene Vorschläge joviales Verständnis und traktieren kurz darauf ihre Mitarbeiter mit autoritären Anweisungen. Ergebnis: die Mitarbeiter werden in dauernder Unruhe gehalten und rätseln über solche Primadonna-Launen.

Aus den in diesem Kontext ermittelten Daten wird standardmäßig ein 4-Felder-Potentialportfolio entwickelt. Die Bewerberfaktoren werden entsprechend ihren zugrunde gelegten Bewertungen jeweils einer der vier Handlungsempfehlungen zugeordnet:

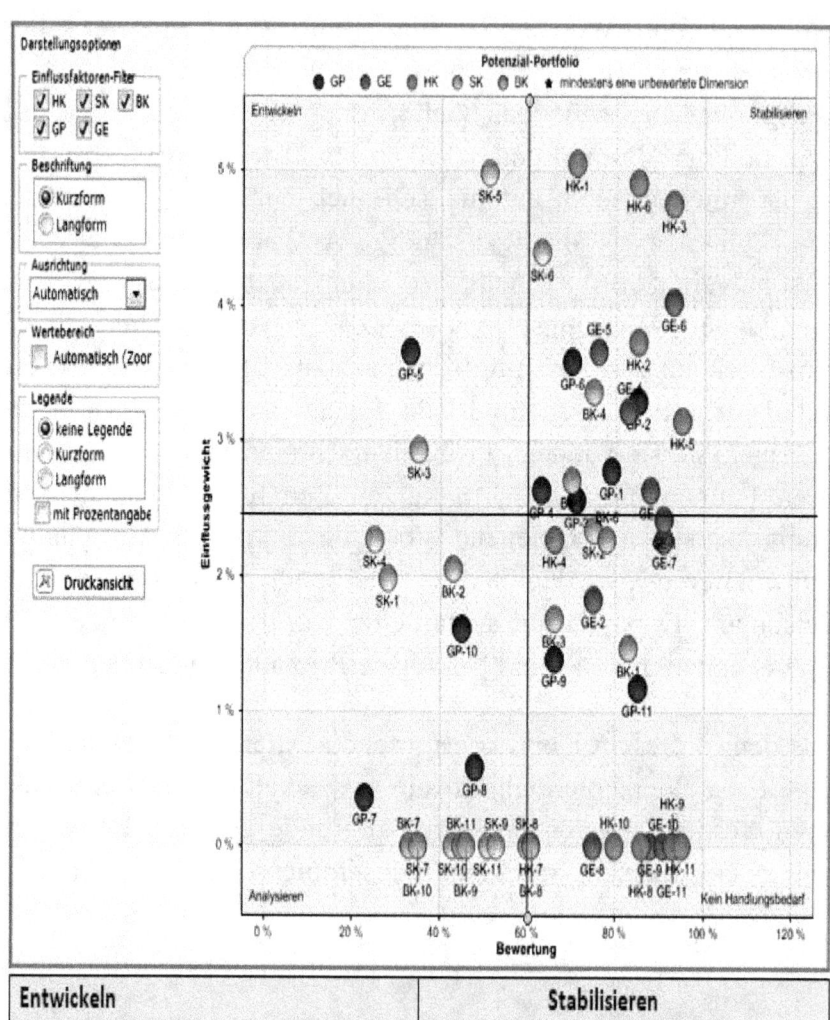

Entwickeln	Stabilisieren
Analysieren	Kein Handlungsbedarf

Roboter-Chefs ante portas? Wissen ist das wertvollste Kapital: Rohmaterialien, Produktions-, Geschäfts- und Vermarktungsprozesse sind für Konkurrenten notfalls schnell verfügbar. Was im Gegensatz hierzu nicht schnell verfügbar gemacht werden kann, sind Wissen, Fähigkeiten, Qualifikationen, Erfahrungen, Motivation u.a. von Personen

Das Brettspiel Go, das als das komplexeste Spiel der Welt gilt (bereits nach vier Zügen liegt die Zahl der Möglichkeiten im Milliardenbereich) wurde quasi als „letzte Bastion menschlicher Intelligenz" von einem Computer geschleift. Und zwar nicht nur nach vorprogrammierten Regeln, sondern als ein mit Hilfe neuronaler Netzwerke ständig dazu lernendes System. Eine derartig künstliche Intelligenz ist in der Lage von ihrem ursprünglichen „Skript" (Programm) abzuweichen und kann sich selbstlernend an neue Bedingungen anpassen. Was nicht nur Philosophen dabei als Frage beschäftigt: könnte das Verhältnis zwischen Mensch und Maschine ins Kippen geraten? D.h. nicht mehr der Mensch befehligt die Maschine, sondern die Maschine den Menschen? Treffen wir bald auf Roboter-Chefs, die Entscheidungen treffen, die zuvor nur von menschlichen Managern getroffen werden konnten? Nach Ansicht mancher hätte dies durchaus Vorteile. Roboter-Chefs haben nie schlechte Laune und führen ihre Angestellten immer frei von Vorurteilen:"Wenn der Arbeiter in allen Aktivitäten messbar wird, könnte man ihn nur anhand seiner Daten bewerten. Die Maschine, so die Idee, sieht nicht, welcher Herkunft ein Arbeiter ist, welche Religion oder Ansichten er hat". Aber trotz allem: auch Algorithmen können diskriminieren, da sie letztlich von Menschen geschaffen wurden(und die haben nun einmal Vorurteile, so oder so). Experimente belegen, dass künstliche Intelligenz durchaus auch aus dem Ruder laufen kann und zu Ergebnissen führt, die man vorher so nicht wollte oder vorhersehen konnte. Wobei es nicht damit getan ist, dem Bot einfach nur moralische Wertvorstellungen wie Respekt, Toleranz u.a. einzuprogrammieren. Noch hat sich der Mensch nicht in Chips aufgelöst: Intelligenz „ist eine geteilte Fähigkeit, Geschichten, Handlungsroutinen und Subroutinen zu verknüpfen und sie zu vielen Haltern eines Neuronennetzes zu verspinnen". Allerdings scheint man in diesem Interaktionsgeflecht immer weniger zu wissen, wer eigentlich Akteur, wer Subjekt und was Objekt ist. Wenn beispielsweise ein Roboter-Chef falsche Entscheidungen mit üblen Folgen trifft: wem wäre dieser Umstand dann anzulasten? Dem Entwickler? Oder dem selbstlernenden Bot selbst? Oder: wenn an den Finanzmärkten immer mehr Computer selbständig handeln und letztlich schon beginnen, das Geschehen zu bestimmen? Soll man den Algorithmus selbst oder seinen Betreiber zur Rechenschaft ziehen?

Würde man den Algorithmus verklagen so hieße das, „dass man auch Maschinen Subjektivität konzedieren und sie als Akteure in einem sozialen Netzwerk anerkennen müsste." Schon erheben manche Wissenschaftler die Forderung, „Fehler in Maschinen einzuprogrammieren, um sie menschlicher zu machen". Vielleicht sind auch Algorithmen gar nicht intelligent, sondern scheinen nur so. So zu tun, als ob, reicht nicht: es erscheint nur so. Denn Computer spielen keinen Schach und denken auch nicht. „Die Frage sei nicht, ob Maschinen irgendwann menschenähnlich werden, sondern ob der Mensch maschinenähnlich und programmierbar seren könne" (Menschen in Call-Centern arbeiten schon heute bestimmte Skripts ab und operieren im Ergebnis wie ein Roboter).

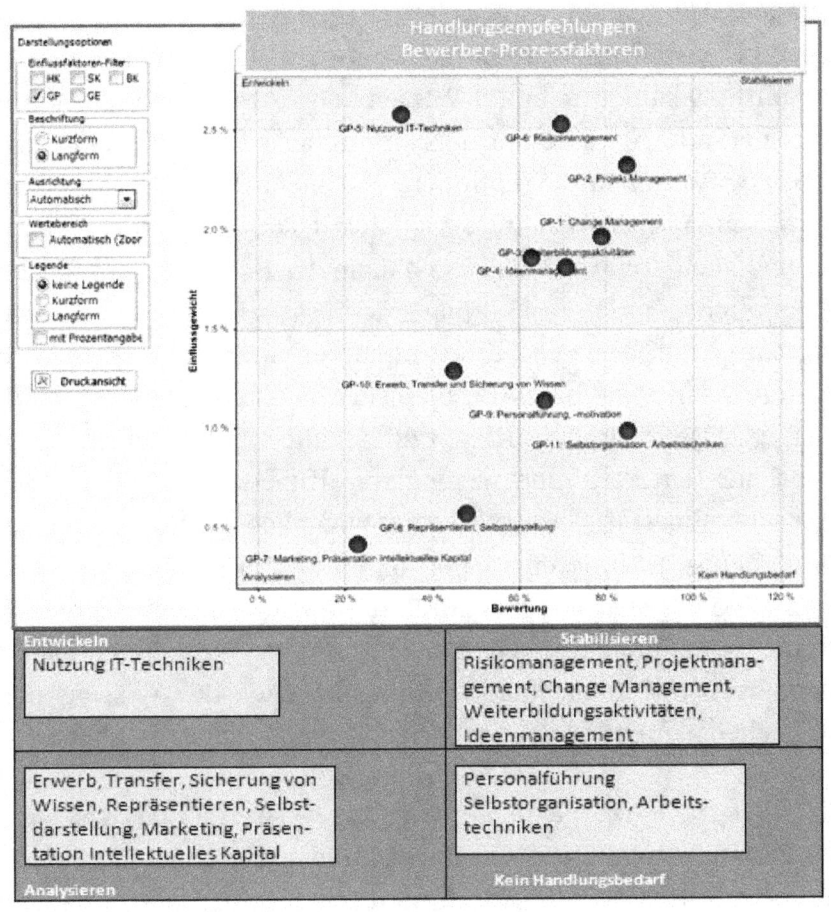

Wissen und Nichtwissen: interessenbestimmte Verfachlichung – portionierter Lernstoff - Aneignungsmaximierung und Verstehen. Die Fähigkeit mit Wissen oder Nichtwissen umzugehen ist ein Indikator für Differenzierungsfähigkeit. Fachwissen ist immer enger mit Partikularinteressen verknüpft: immer seltener findet man kompetente Beratung, die nicht durch interessengeleitete Tätigkeiten vorgeprägt ist (deutliches Anzeichen sind u.a. Lobbyisten im Umfeld der Politik). Bildung und Wissensvermittlung sind zu sehr auf Wissen und zu wenig auf Verstehen angelegt: alles wird komprimiert in immer kürzere Zeiteinheiten gepackt. Vermeintlich optimiert geschieht Einschulung möglichst schon mit fünf Jahren, nach zwölf Jahren kommt das Abitur und nach drei weiteren Jahren dann der Bachelor. Kinder und Jugendliche werden in Lehrpläne gepresst, die auf allen Ebenen Freiräume verbauen und Eigeninitiativen bremsen. Lernen wird auf ein quantifizierbares Problem der Wissensaneignung reduziert. Klassenfahrten, Auslandsaufenthalte oder Zusatzangebote wie Chor, Theater, Sport werden zur effizienzmindernden Belastung herabgestuft. Der Lernstoff wird nach einem Muster der Aneignungsmaximierung portioniert. Verfachlichung und Komplexität vieler Lebensumstände stellen neue Anforderungen an die Kommunikation. Gebraucht wird eine Vielfalt von Denkrichtungen mit unterschiedlichen Kapazitäten des Wissens und Verstehens: ein breiter Fragehorizont muss erhalten bleiben.

Nachfrageseite Intellektuelles Kapital: Wissen ist das wertvollste Kapital. Rohmaterialien, Produktions-, Geschäfts- und Vermarktungsprozesse sind für Konkurrenten notfalls schnell verfügbar. Was im Gegensatz hierzu nicht schnell verfügbar gemacht werden kann, sind Wissen, Fähigkeiten, Qualifikationen, Erfahrungen, Motivation u.a. von Personen. Eine Hauptaufgabe der Wissensbilanz besteht deshalb darin, dazu beizutragen, den Einfluss des Intellektuellen Kapitals auf das Betriebsergebnis als Hebelkraft zu nutzen. Wissen manifestiert sich sowohl in internen Kommunikationsnetzwerken, dem „Unternehmensgedächtnis", als auch im Verbund mit externen Kooperationspartnern. Ein umfassendes Wissensmanagement ist somit entscheidend für zukünftige Markterfolge. Gegenüber dem Management klassischer Produktionsfaktoren hat das Management des Wissens seine Zukunft noch vor sich. Wissen ist die einzige Ressource, die sich durch Gebrauch vermehren lässt.

Sicherung eines qualifizierten Mitarbeiterstammes: Personalentscheidungen haben einen hohen internen politischen Charakter und lösen im Gegensatz zu Sachentscheidungen längerfristige, nicht-lineare Wirkungsketten aus. Viele personalwirtschaftliche Tatbestände entziehen sich dabei einer quantitativen oder gar monetären Erfassung und erfordern die Berücksichtigung qualitativer Daten und Indikatoren. Wissensmanagement erfordert zunächst auf der Führungsebene die Bewertung von im Unternehmen zirkulierenden Informationen. Beispielsweise plant man, sich zu einer lernenden Organisation hin zu entwickeln. Generelles Ziel ist die Sicherung eines qualifizierten Mitarbeiterstammes durch Nachwuchssicherung, Verbesserung der Qualifikation zur kompetenten Aufgabenerfüllung und Erhöhung des Qualifikationspotentials. Die Aufgabe besteht darin, Prozesse für die Qualifizierung bereitzustellen. Hierzu zählen u.a.: Planung, Analyse, Steuerung und Koordination der Bildungsmaßnahmen, Ermittlung der aktuellen Bildungskosten in Relation zum Bildungsnutzen, Organisation und Konzeption unternehmensinterner Weiterbildungsmaßnahmen, Lernberatung und Coaching von Mitarbeitern und deren direkten Vorgesetzten, Entwicklung von transferfördernden Maßnahmen, Marktbeobachtung von externen Dienstleistern im Bereich Weiterbildung, Bereitstellung von Lernmaterialien, Auswertung von Seminarbeurteilungen. Oder man hat für die Entwicklung der Erfolgsfaktoren im Bereich Mitarbeitermotivation und Mitarbeiterzufriedenheit beispielsweise folgende Maßnahmen vorgesehen: effektives Teamworking, Mitarbeiterbefragung durchführen, Analyse von Fehl- und Ausfallzeiten, Fluktuationsanalyse, Diversity Management. Zusammenfassung der Maßnahmen-Entwicklungspotenziale: Eine Personalbilanz ist nicht mit ihren Ergebnissen beendet: denn die Mitarbeiter erwarten, dass ihre Aussagen zu Veränderungen führen. Zu kritischen Bereichen müssen sich deshalb weitere Untersuchungen anschließen und dann in erkennbare Verbesserungen umgesetzt werden.

Abgangs-Zugangs-Rechnung des Personalbestandes: der festgestellte Personalbestand wird sich durch Ab- und Zugänge verändern. Die Fragen hinsichtlich der zu erwartenden Personalbestandveränderungen sind: wer von den heute Beschäftigten wird auch noch zu Beginn der jeweiligen Planungsperiode im Betrieb sein? wer wird den Betrieb verlassen haben und wer wird hinzugekommen sein? Der Personalbestand am Ende einer Periode ist in nachfolgender Beispiel-Tabelle identisch mit dem Personalbestand am Anfang der darauffolgenden Periode:

	Abteilung:	Qu. 1		Qu. 2		Qu. 3		Qu. 4	
		ges.	%	ges.	%	ges.	%	ges.	%
1	Anfangsbestand der Periode	14	100,0	14	100,0	11	100,0	13	100,0
./.	ABGÄNGE								
2	Pensionierung	1	7,1	0	0,0	2	18,2		0,0
3	Einberufung Bundeswehr	0	0,0	0	0,0		0,0		0,0
4	Beförderung innerh. Betriebsstelle	2	14,3	1	7,1		0,0		0,0
5	Versetzung in andere Betriebsstellen	0	0,0	2	14,3		0,0	1	7,7
6	Ausbildung, Fortbildung	3	21,4	1	7,1	1	9,1		0,0
7	Entlassung, Zeitverträge	1	7,1	2	14,3	1	9,1	2	15,4
8	Tod	0	0,0	0	0,0		0,0		0,0
9	Kündigung	0	0,0	0	0,0		0,0	1	7,7
10	sonstige Abgänge	1	7,1	1	7,1	2	18,2	1	7,7
11	ABGÄNGE GESAMT (2 bis 10)	8	57,1	7	50,0	6	54,5	5	38,5
12	Bestand nach Abgängen (1 ./. 11)	6	42,9	7	50,0	5	45,5	8	61,5
+	ZUGÄNGE (geplant, feststehend)								
13	Rückkehr Bundeswehr	0	0,0		0,0		0,0		0,0
14	Beförderung innerh. Betriebsstelle	1	7,1	1	7,1		0,0		0,0
15	Versetzung in die Betriebsstelle	1	7,1	1	7,1	2	18,2		0,0
16	Rückkehr Aus-/Fortbildung	1	7,1		0,0	1	9,1	1	7,7
17	Übernahme aus Ausbildungsverhältnis	2	14,3		0,0	1	9,1		0,0
18	Einstellungen	1	7,1	1	7,1	4	36,4	3	23,1
19	sonstige Zugänge	2	14,3	1	7,1		0,0	2	15,4
20	ZUGÄNGE GESAMT (13 bis 19)	8	57,1	4	28,6	8	72,7	6	46,2
21	Bestand Periodenende (12 + 20)	14	100,0	11	78,6	13	118,2	14	107,7

Obwohl die Verhaltensweisen der Mitarbeiter nicht eindeutig vorhergesehen werden können, lässt sich die Zahl der Abgänge anhand von Erfahrungswerten aus der Vergangenheit näherungsweise ableiten. Aufgrund individueller Merkmale lassen sich beispielsweise Pensionierungen, Ausscheiden nach Erziehungsurlaub, vorgesehene Versetzungen, geplante Fortbildungen oder Auslaufen befristeter Arbeitsverträge als Abgänge vorausbestimmen. Aufgrund statistischer Wahrscheinlichkeitswerte lassen sich beispielsweise vorzeitige Pensionierungen, Entlassungen oder Arbeitnehmerkündigungen vorausberechnen. Aufgrund von Beobachtungen lassen sich u.a. folgende Abgangswahrscheinlichkeiten feststellen: nimmt mit steigendem Dienst-/Lebensalter ab, ist bei Frauen höher als bei Männern, ist bei verheirateten Frauen grösser als bei ledigen, ist bei ungelernten Arbeitskräften am höchsten (nimmt mit steigender Qualifikation ab), schwankt im Jahresverlauf, hängt vom regionalen Standort des Unternehmens ab. Die in o.a. Übersicht vorausbestimmten Abgänge werden ganz oder teilweise durch sichere Zugänge wie beispielsweise Rückkehr von der Fortbildung, Auszubildende nach Ausbildung oder bereits feststehende Einstellungen ersetzt. Bei der Zugangs-Abgangs-Rechnung ist zu berücksichtigen, dass ein Teil der Neueinstellungen den Betrieb im Planungszeitraum -insbesondere während der Probezeit- wieder verlassen:

$$\text{Verbleibensquote} = \frac{\text{Zahl der in der Planungsperiode eingestellten und noch vorhandenen Mitarbeiter} \times 100}{\text{Zahl der Einstellungen in der Planungsperiode}} \quad (\%)$$

Einfaches arithmetisches Mittel: das einfache arithmetische Mittel (Durchschnitt) wird aus der Summe der Einzelwerte dividiert durch die Anzahl der Einzelwerte gebildet:

	Monatsende	Anzahl Mitarbeiter
1	Januar	677
2	Februar	678
3	März	672
4	April	672
5	Mai	681
6	Juni	685
7	Juli	686
8	August	690
9	September	688
10	Oktober	692
11	November	690
12	Dezember	691
	Summe	8.202

$$\frac{8.202}{12} = 684 \text{ Mitarbeiter}$$

Gewichtetes arithmetisches Mittel: das gewichtete arithmetische Mittel wird errechnet: Summe aus Multiplikation der Anzahl in

Spalte 1. mit Wert in Spalte 2. und dividiert durch Gesamtzahl Spalte 1:

	Anzahl Lohn-empfänger Sp. 1.		Stunden-lohn in Euro Sp. 2.	
1	3		9,49	
2	5		9,65	
3	5		9,79	
4	1		10,13	
5	6		10,50	
6	2		10,81	
7	8		11,11	
8	9		11,81	
9	4		12,23	
10	7		13,07	
	50	Summe	108,59	
			: 10	= Anzahl Perioden
einf.	arithmet.	Mittel =	10,86	
gew.	arithmet.	Mittel =	3×9,49 + 5×9,65 .. _____ 3+5+.......	
		=	556,00 _____ 50	= Summe (Spalte 1. × Spalte 2.) = dividiert durch: = Summe Spalte 1.
		=	11,12	= gewichtetes arithmet. Mittel

Im Rahmen von Funktionen des Wissensmanagement ist der Knowledge Enabler für die nötigen Werkzeuge und Methoden zuständig, um das für die Durchführung von Prozessen notwendige Wissen abrufen zu können, daraus eigenes Wissen abzuleiten und dieses Wissen über die gemeinschaftliche Wissensbasis wiederum anderen bereitzustellen

Der Knowledge Processor wiederum ist die Nahstelle zwischen technischer Wissensbasis während der Knowledge Enabler Informationen und Regeln so umsetzen muss, dass sie als Wissen im System vorgehalten werden können. Der Knowledge Creator recherchiert im Markt nach zusätzlichen relevanten Informationen, die dann in die Wissensbasis eingeflochten werden, der Knowledge Engineer sammelt das vorhandene Informations- und Wissenspotenzial und erzeugt strukturiertes Wissen, indem er für einzelne Prozesse verbindliche Regeln aufstellt. Explizites und implizites Wissen: mit dem strategischem Gut „Wissen" verantwortungsvoll umgehen: Erfahrungen zum Wissensmanagement zeigen, dass der Erfolg zu 80 Prozent von den sogenannten „soft factors", d.h. Unternehmenskultur, den gelebten Werten und Normen der Organisation abhängig ist und nur zu etwa 20 Prozent von den genutzten Informations- und Kommunikationstechniken. Im Vergleich zu gut strukturierten Daten werden Wissen und Erfahrungen von Mitarbeitern in der Regel nicht explizit dargestellt. Genau diese Informationen sind aber für das Wissensmanagement von Bedeutung. Schwach strukturierte Prozesse, deren Ablauf nicht genau vorhersehbar ist, werden meist nur einmal in der gleichen Form durchgeführt. Gerade hierfür spielt die Erzeugung und Nutzung von Wissen die entscheidende Rolle. Beim Wissensmanagement geht es konkret nicht nur darum, die auf separaten Datenbanken und auf anderen Medien vorliegenden Informationen zusammenzuführen. Ebenso wichtig ist es, die in den Köpfen der Mitarbeiter gespeicherten Informationen für das Unternehmen verwertbar zu machen. Zu unterscheiden ist zwischen explizitem Wissen, das sich anhand von Regeln abbilden lässt und implizitem Wissen, das sich aus Problemlösungskompetenz und Erfahrungsschatz der Mitarbeiter zusammensetzt. D.h. zunächst sollte das Wissen der einzelnen Mitarbeiter sowie des gesamten Unternehmens in einer Wissens-Landkarte zusammengefasst werden. Diese verzeichnet Wissensquellen und Wissenssenken: wo sitzen Experten zu welchen Themen, wo besteht Bedarf für welche Informationen.

Wissensmanagement – von der Präsentations-Beratung zur Ideen-Beratung: was für schöne Zeiten: lang, lang ist's her. Als Berater ihre Auftraggeber noch mit Präsentationsfolien und Kalkulationsblättern beeindrucken konnten. Wie stolz waren in den 70er Jahren Berater auf ihre mit Powerpoint und Excel demonstrierten Fähigkeiten. Solche klassischen Geschäftsmodelle stoßen an ihre Grenzen. Umdenken tut not: auch Berater unterliegen Gesetzen des Change Management. Manche, auch internationale, Berater verkünden daher das Beschreiten neuer Wege. So wollen einige ihren üblichen Beraterhabitus ändern: indem sie beispielsweise nicht nur vielversprechende Startups aufspüren, sondern auch selbst neue Geschäftsideen entwickeln und vermarkten. Dem folgen gegebenenfalls auch Änderungen bei einer bislang üblichen Honorierung nach Tagessätzen: beispielsweise in Form von Lizenzgebühren, Umsatzbeteiligungen u.ä. Begleitet werden könnte das Ganze von manchmal noch belächelten Wissensbilanzen sowie hieraus weiterentwickelten Standortbilanzen und Personalbilanzen.

Die Instrumente der Wissensbilanz, Standortbilanz und Personalbilanz können genutzt werden, um Strategien zu überprüfen (z.B. Messung der wichtigen Einflussfaktoren, Herausfiltern von Engpässen und Potentialen). Mit Hilfe der Wissensbilanz können an sich bekannte Prozesse unter völlig neuen Gesichtspunkten durchleuchtet werden: Zusammenhänge zwischen Zielen und Erfolgsfaktoren einerseits sowie den Komponenten des intellektuellen Kapitals andererseits werden sichtbar gemacht. Dynamik, Stärke und Dauer von Zusammenhängen werden mit Hilfe von Indikatoren mess- und nachvollziehbar gemacht. Angesichts dieser Komplexität und Vielfalt der in die Wissensbilanz, Standortbilanz und Personalbilanz einfließenden Eingangsdaten liefern diese überraschend klare und strukturierte Aussagen, Hinweise auf geeignete Maßnahmenoptionen. Der Stellenwert der wichtigen Erfolgsfaktoren wird deutlich und damit die notwendige Voraussetzung für eine Priorisierung von erforderlichen Aktivitäten geschaffen.

Im Wirkungsnetz der Bewerberdynamik: zwischen den zuvor erwähnten Bewerberfaktoren wirken zahlreiche Austauschbeziehungen mit mehr oder weniger starken Impulsweiterleitungen. Diese Wirkungsbeziehungen zwischen den Faktoren sind nicht fest verdrahtet, wie etwa die verlöteten Verbindungen in elektrischen Schaltkreisen. Zu sehr befindet sich ein Bewerber in ständiger Bewegung und Veränderung. Deshalb soll nunmehr jeder Bewerberfaktor jeweils mit allen anderen Faktoren nach aktivem Wirkungseinfluss, passivem Wirkungseinfluss sowie der Dauer, bis eine Änderung in der Faktorenbeziehung wirksam wird, verknüpft und analysiert werden. Bevor die Potentiale eines Bewerbers systematisch durchleuchtet werden, sollte man zuerst die zwischen einzelnen Einflussfaktoren wirkenden Beziehungen näher ansehen und verstehen. Eine erste und einfache Orientierungshilfe könnten die folgenden Abstufungen sein:

	Stufen der aktiven Wirkungsstärke
0	Keine Wirkung
1	Schwache Wirkung
2	Mittlere Wirkung
3	Starke Wirkung
	Stufen der passiven Wirkungsstärke
0	Keine Wirkung
1	Schwache Wirkung
2	Mittlere Wirkung
3	Starke Wirkung
	Stufen der Wirkungsdauer
a	Sofort
b	Kurzfristig (max. 12 Monate)
c	Mittelfristig (max. 24 Monate)
d	Langfristig (mehr als 24 Monate)

Machtmenschen und ihr Ego: Machtmenschen tun sich hervor durch Lust auf Macht, Einfluss und Selbstverwirklichung und haben ein ausgeprägtes Risikobewusstsein. Machtmenschen erkennt man daran, dass „bei Ihnen das Ich die dominante Variante der Lebenseinstellung ist". Wenn das Umfeld ihre Leistung schulterklopfend bewundert und sagt „Du bist der Beste", ist das für sie nur die Bestätigung dessen, was sie selbst schon längst gewusst haben. Dass auch die anderen jetzt endlich zur Kenntnis nehmen mussten, wie großartig man ist. Sie denken: die unangefochtene Nummer 1 bin immer ich, danach kommt erst einmal lange nichts. Fehler fehlen in ihrem Weltbild, jedenfalls solange diese dem Machtmenschen selbst anzukreiden wären. Was aber passiert, wenn solchen Menschen das eigentlich Undenkbare doch einmal widerfährt? Wenn sie, aus welchen Gründen auch immer, einmal scheitern sollten? Dann denken sie oft: in der Machtposition war ich erfolgreich, aber ich habe mein Ziel nicht erreicht (daran waren andere oder die Umstände schuld). Deshalb muss ich genau dort wieder hin (das steht mir einfach zu). D.h. sie wollen auch der ganzen Welt beweisen, dass sie zu Unrecht gescheitert sind. Ihre Egozentrik zeigt sich daran, dass es ihnen völlig egal ist, woran sie eigentlich gescheitert sind. Den Erfolg schreiben sie sich immer selbst zu, die Ursache für einen Misserfolg aber liegt immer bei den anderen. „Immer liegt ein Fremdverschulden vor, denn für sie gibt es kein selbst verschuldetes Scheitern". Dem staunenden Beobachter stellt sich die Frage: ist es dann nicht geradezu clever, so zu denken und lieber anderen die Schuld an seinem Scheitern in die Schuhe zu schieben? Erst recht, wenn man auf diese Weise Niederlagen schnell überwindet und ein neues Spiel beginnen kann. Sollte man nicht immer groß, größer am größten Denken anstatt klein beizugeben und sich eine eigene Schuld einzugestehen? Fachleute weisen allerdings auf die Gefahren aufgrund der Dominanz einer solchen Egozentrik hin: nämlich die höhere

Wahrscheinlichkeit von Fehlentscheidungen. Denn die Lernfähigkeit ist gerade bei Machtmenschen stark unterentwickelt. Weil sie in bestimmten Denkmustern gefangen sind und nie realisieren, wie stark ihre Abhängigkeit von bestimmten Strukturen ist. Und immer denken, alles alleine bestimmen zu können. Sie umgeben sich gerne mit jenen, die sie nur immer noch weiter in ihrer Meinung bestärken und ergründen selten oder nie mit unabhängigen Dritten, worin möglicherweise ihre Fehler bestehen könnten. Der Grundstein für solches Ich-Denken, so Psychologen, wird bereits schon in der Kindheit gelegt. Dort werden oft Kämpfernaturen herangezogen, die ausschließlich dem Leistungsprinzip anhängen. Alles in allem aber gilt: Scheitern passiert, wieder aufstehen geht aber auch.

Wenn ein vollständiges Beispiel-Bild aller identifizierten Bewerberfaktoren vorliegt, geht es im Rahmen eines Potential-Checks um folgende drei Hauptfragen: zwischen welchen Faktoren kommt es zu Wirkungsbeziehungen? Wie stark sind jeweils solche Wirkungsbeziehungen? Wie lange dauert es, bis eventuelle Änderungen zu wirken beginnen?

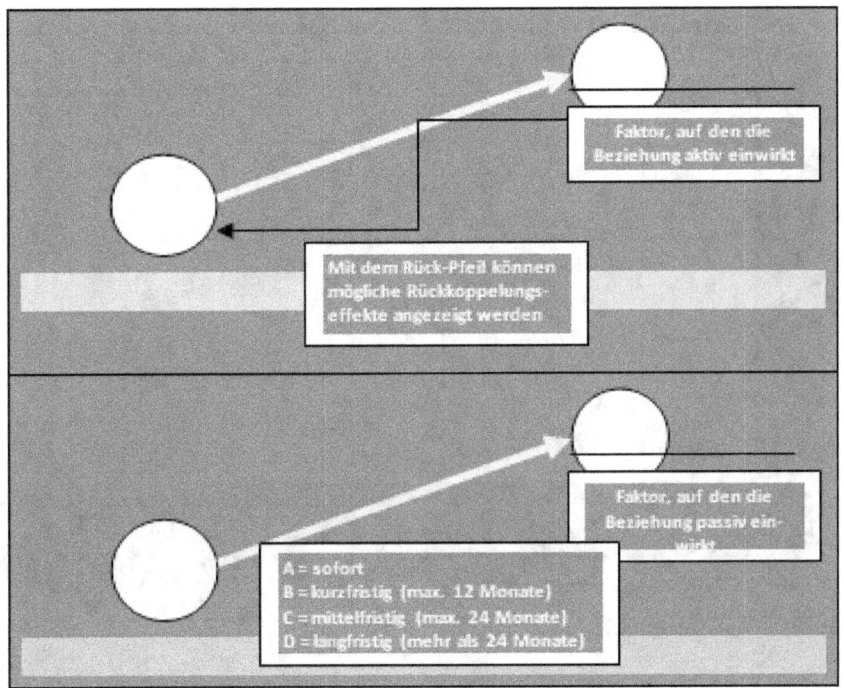

Mit Hilfe von graphischen Wirkungsnetzen soll versucht werden, mehr Klarheit in das zeitweise nebulöse „Irgendwie" dieser gegenseitigen Abhängigkeiten und Korrelationen zu bringen. Neben aktiver und passiver Stärke der gegenseitigen Wirkungseinflüsse soll in Form der Wirkungsdauer-Analyse als zusätzliche Komponente der Faktor Zeit einbezogen werden. Beispiel für Standardschema:

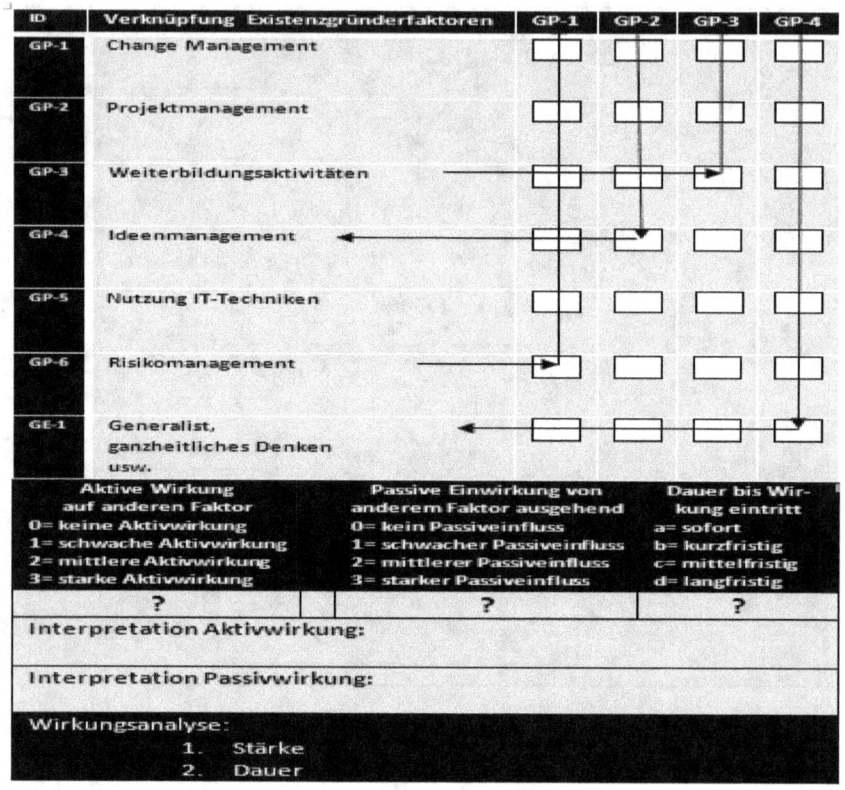

Als Regisseur im höchstpersönlichen Illusionstheater: was hat es zu bedeuten, dass Banalitäten des Alltags zur Nachricht werden? Warum sind wir auf derart unlösbare Weise mit einem Smartphone verbunden und werden mit einem unablässigen Strom von Bildern überflutet? Der innere Zwang zur ständigen Mitteilung wird von Experten mit dem (unstillbaren) Wunsch nach Zugehörigkeit begründet. Bilder werden überlebenswichtig, da sie als ein Beleg dafür empfunden werden, dass man existiert (ich mache Bilder, also bin ich). Es gibt eine Sucht nach Bildern, nach einem ständigen Gesehenwerden. In einem bisher nie bekannten Ausmaß streben Menschen nach Anerkennung. Es reicht nicht bloß eine Bestätigung, ein Kompliment oder ein „Like". Man strebt (unbewusst) nach einem (aus Bildern) eng gewebten Netz der Anerkennung und verlangt danach wieder und wieder, immer mehr und mehr. Mobile Gerätschaften ermöglichen eine grenzenlose Ausweitung, alles ist in jedem Moment allen mitteilbar. Wie bei einem Narzissten befindet man sich in einer Welt der Selbstbespiegelung, wo jedes Bild immer nur das eigene befruchtet. „Neben ständiger Ablenkung und dem kollektiven Zwang zur Anpassung erzeugen soziale Medien einen Performance-Druck. Unser Leben darf keine Tiefpunkte mehr haben, keine Verstimmungen, Brüche oder Phasen des Alleinseins". „Keine Anstrengung, kein Scheitern, permanente Selbstmaximierung und Perfektion nach außen – erwünscht ist das makellose Dasein in einer glatten Welt, die nichts mehr dem Zufall überlässt". Unterhaltungen in virtuellen (verbildlichten) Raum lassen neue Einsamkeiten entstehen. Es baut sich unaufhaltsam ein Transparenzdruck auf, ein freiwilliges Sichtbarmachen aller persönlichen Daten und eine räumliche und zeitliche Entgrenzung der Kommunikation. Eine Kommunikation, die man vor allem zur Selbstversicherung und Versicherung des gegenseitigen Wahrnehmens ohne Unterbrechung aufrecht erhalten muss. Der Alltag wird vom starren Blick auf das Smartphone geprägt. Der Blick auf unser Bild von uns selbst (die Illusion) verkürzt den Zeithorizont.

Prozessfaktoren-Verknüpfungstabellen:

ID	Prozessfaktoren	Faktoren 1-4			
		GP-1	GP-2	GP-3	GP-4
GP-1	Change Management		3	3	2
GP-2	Projekt Management	0		0	3
GP-3	Weiterbildungsaktivitäten	0	3		1
GP-4	Ideenmanagement	0	0	0	
GP-5	Nutzung IT-Techniken	2	3	2	0
GP-6	Risikomanagement	3	2	0	0
GP-7	Marketing, Präsentation Intellektuelles Kapital	1	1	0	0
GP-8	Repräsentation, Selbstdarstellung	0	0	0	0
GP-9	Personalmanagement, -führung	2	3	3	1
GP-10	Wissenserwerb, -verteilung, -sicherung	1	2	3	3
GP-11	Selbstorganisation, Arbeitstechniken	2	3	0	2

Beleuchtung der immateriellen Seite: das Vermögen eines Unternehmens lässt sich nicht nur über herkömmliche Bilanzen von seiner materiellen Seite her durchleuchten, sondern nunmehr auch über das Instrument der Wissensbilanz von seiner immateriellen Seite des Intellektuellen Kapitals her. Besonders wissensbasierte Unternehmen werden damit erst vollständig und sicher bewertbar. Gegenüber der üblichen Bilanzierung materieller Wirtschaftsgüter hat das heutige Instrumentarium der Wissensbilanzierung bereits einen entscheidenden Vorteil: es werden auch die zwischen einzelnen Kapitalkomponenten bestehenden Beziehungen hinsichtlich ihrer Wirkungsstärke und Wirkungsdauer sichtbar gemacht. Aus diesem ohne entsprechende Instrumente kaum durchschaubaren Beziehungsgeflecht lassen sich diejenigen Maßnahmen herausfiltern, die aufgrund ihrer hohen Hebelwirkung für die zukünftige Entwicklung des Unternehmens das größte Potential erwarten lassen.

Veränderte Inhalte von Qualifizierungsmaßnahmen: Die veränderten Inhalte der Qualifizierungsmaßnahmen stellen personalverantwortliche Manager, Trainer und Lehrer ebenfalls vor veränderte Herausforderungen. Mehr denn je werden Anleitung und Hilfe zum Selbstlernen im Mittelpunkt stehen: der Trainer übernimmt die Rolle des Moderators, Tutors oder Coaches. Wenn die Qualifizierungsmaßnahmen durch die betrieblichen Abläufe und Erfordernisse gestaltet werden und im Rahmen dieses Prozesses Training, Personal- und Organisationsentwicklung immer stärker verschmelzen, muss der Trainer gleichzeitig auch Personal- und Organisationsentwickler sein.

Erfolgsfaktoren-Verknüpfungstabellen:

		Faktoren 1-4			
ID	Erfolgsfaktoren	GE-1	GE-2	GE-3	GE-4
GE-1	Generalist, ganzheitliches Denken		0	0	0
GE-2	Akquisitionsstärke	0		0	2
GE-3	Wille zum Erfolg	0	0		2
GE-4	Zielorientierung, -bezogenes Handeln	0	0	0	
GE-5	Proaktives statt reaktives Handeln	2	2	2	2
GE-6	Systematische Vorgehensweise	3	0	0	3
GE-7	Durchsetzungsvermögen	1	3	3	3
GE-8	Beharrlichkeit	3	2	3	3
GE-9	Eigeninitiative	0	2	2	2
GE-10	Unabhängigkeit, interessenungebunden	1	3	3	3
GE-11	Loyalität gegenüber Auftraggebern	0	3	3	3

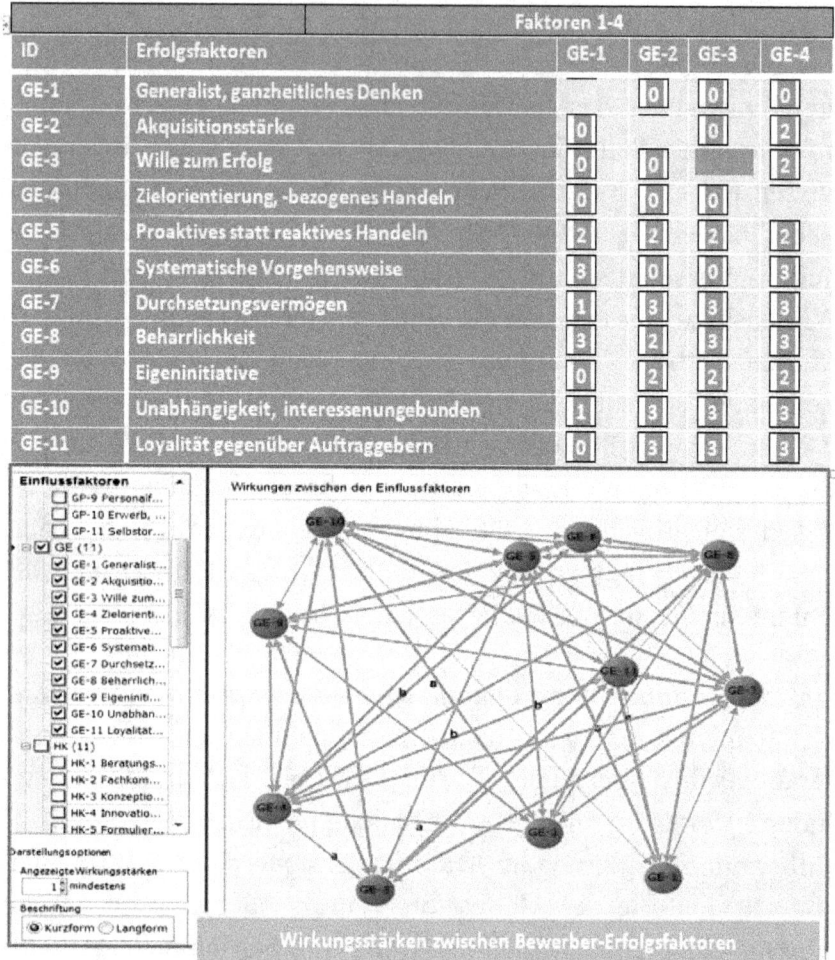

Wissensbilanzierung-Entwicklung: man hat für die Entwicklung im Bereich Wissensmanagement beispielsweise folgende Maßnahmen vorgesehen: Wissensbilanz-Fitness-Check, Planung des

Wissensbilanz-Projektes, Beschreibung des Geschäftsmodells , Identifizierung Intellektuelles Kapital, Bewertung nach Quantität, Qualität und Systematik (QQS), Indikatoren und Messgrößen entwickeln, dynamische Wirkungszusammenhänge erfassen, Auswertungen nach Stärken-Schwächen-Potentialen, Maßnahmen mit dem größten Entwicklungspotential, Dokument Wissensbilanz entwickeln, Wissensmanagement einführen und umsetzen, Ideenmanagement, Wissen erwerben, Wissen schützen (undichte Informationslecks schließen). Zusammenfassung der Maßnahmen-Entwicklungspotenziale: Die Wissensbilanzierung ist auf dem Weg zu einer zahlenmäßigen Erfassung auch immaterieller Vermögensbestandteile inzwischen ein gutes Stück des Weges vorangekommen und hat hierfür auch praxistaugliche Instrumente, Verfahren und Software entwickelt. Diese ermöglichen nicht nur, sich in einem hochkomplexen Wissensumfeld Wettbewerbsvorteile zu verschaffen, sie machen durch ihre Annäherung an die in der Wirtschaft gängige Zahlenwelt auch eine Nachvollziehbarkeit für außenstehende Dritte möglich.

Humanfaktoren-Verknüpfungstabellen:

		Faktoren 1-4			
ID	Humanfaktoren	HK-1	HK-2	HK-3	HK-4
HK-1	Beratungsstärke		3	3	1
HK-2	Fachkompetenz	0		2	3
HK-3	Konzeptionsstärke	0	1		0
HK-4	Innovationsfähigkeit	0	2	1	
HK-5	Formulierungsstärke	2	1	2	0
HK-6	Problemlösungskompetenz	3	3	3	3
HK-7	Umgangsformen, Auftreten	3	0	0	0
HK-8	Selbstbewusstsein, innere Stärke	2	0	0	0
HK-9	Unternehmerisches Denken, Kompetenz	2	1	2	2
HK-10	Überzeugungskraft, Motivationsfähigkeit	2	0	2	0
HK-11	Glaubwürdigkeit, Akzeptanz	2	0	0	0

Wirkungsstärken zwischen Bewerber-Humanfaktoren

Technische Innovation und Gebrauch von Wissen: technologische Verschiebungen im Besitz von Wissen und veränderten Kommunikationsformen – klassischer Besitz von Wissen verändert sich. Technik formt auch Strukturen des Wissens. Technik beeinflusst die Modalitäten des Entstehens von Wissen. Der Wandel von Wissen verändert die uns umgebende Welt einschließlich Reaktionen des Bewusstseins. Elektronische Technologien verändern traditionelle Denkstrukturen. Der Wandel der Kommunikationsformen hat gesellschaftliche Auswirkungen. Elektronische Kommunikation überspringt und verschiebt Grenzen: sie verändert Bedingungen und bisherige Restriktionen der Zeitlichkeit. Während früher die Sphäre des Privaten auf mündlicher Kommunikation basierte mündet diese heute vor dem Hintergrund technologischer Verschiebungen in sozialen Netzwerken. Die Konfrontation mit den Herausforderungen der digitalen Revolution verlangt nach dem Verstehen dessen, was da geschieht. Bevor dies aber möglich wird, müssen Strukturen und Prozesse der auf uns in immer schnellerer Folge einstürmenden elektronischen Technologien aber erst einmal identifiziert und erfasst werden. So hat der klassische Besitz von Wissen über das Gedächtnis an Bedeutung verloren: elektronische Medien schaffen neue Möglichkeitsräume in denen alles verfügbare Wissen auf jedem Laptop zugänglich gemacht werden kann. Mit der Anbindung an elektronische Systeme entstehen neue Szenarien mit einer fortschreitenden Virtualisierung des Lebens.

Von der Muss- zur Lust-Arbeit. D.h. die Unternehmen werden zukünftig stärker auf integrierte Bildungs- und Entwicklungskonzepte setzen müssen, um eine ganzheitliche Qualifizierung einzelner Mitarbeitergruppen oder ganzer Bereiche zu erzielen. Gleichwohl wird der einzelne Mitarbeiter stärker als bisher gefordert sein. Nicht nur deswegen, weil eine kontinuierliche Weiterbildung aus eigenem Antrieb vorausgesetzt werden muss und der Mitarbeiter in Zukunft von sich aus mehr Freizeit für die eigene Qualifizierung investieren muss. Die neuen Arbeitswelten stellen den Mitarbeitern einen Wandel „von der Muss-Arbeit zur Lust-Arbeit" in Aussicht. Von Führungskräften fordern sie gleichzeitig ein verändertes Denken, Handeln, Führungs- und Teamverhalten ein. Während im gesamten Aus- und Weiterbildungsbereich die Vermittlung von Wissen und kognitiven Fähigkeiten im Vordergrund stehen, werden bei der praktischen Umsetzung dieses erlernten Wissens auch persönliche, soziale und kommunikative Kompetenz benötigt. Sämtliche Institutionen und Stufen der Aus- und Weiterbildung sollten daher verstärkt auf diese „softfacts" eingehen.

Computergestützte Wirkungsanalyse: die Demo-Beispiele von zuvor zeigen lediglich auf, auf welche Weise das System der Wirkungsbeziehungen funktioniert und wie es auf anschauliche Weise durchleuchtet und transparent gemacht werden könnte. So wurde in den Beispielen nur ein kleiner Ausschnitt abgedeckt. Da jeder Faktor mit jedem anderen Faktor verknüpft werden kann und dabei eine Vielzahl sich gegenseitig beeinflussender Abhängigkeiten auftreten kann, sollte man, um nichts zu übersehen, das ganze Wirkungsgeflecht mit Hilfe eines Computers abbilden. Um hiervon einen Eindruck zu vermitteln, werden nachfolgend einmal für insgesamt 5 * 11 Einflussfaktoren die vollständigen Verknüpfungstabellen angezeigt. Da mit Computerhilfe beliebige Selektionen vorgenommen werden können, kann man sich dann auf besonders interessierende Fragestellungen konzentrieren und diese hervorgehoben analysieren. Da der Zusammenhang mit dem Gesamtmodell immer erhalten bleibt, können sich damit auch keine ungewollten Bruchstellen oder Lücken einschleichen:

BERICHT	Wirkungsstärken																							
Firma:	Kreditnehmer XYZ																							
Projekt:	Persönliche Kreditwürdigkeitsprüfung																							
																							Periode 2009/2011	
		GP-1	GP-2	GP-3	GP-4	GP-5	GP-6	GP-7	GP-8	GP-9	GP-10	GP-11	GE-1	GE-2	GE-3	GE-4	GE-5	GE-6	GE-7	GE-8	GE-9	GE-10	GE-11	HK-1	HK-2	HK-3	HK-4
GP-1	Change Management	x	3	3	2	1	2	0	2	1	1	3	3	3	1	2	1	0	0	1	1	0	0	0	0
GP-2	Projekt Management	0	x	0	3	2	1	0	1	2	2	3	2	2	3	1	3	0	0	0	2	2	0	0	0
GP-3	Weiterbildungsaktivitäten	0	3	x	1	3	2	1	1	3	2	0	0	0	3	0	1	0	0	0	1	0	0	2	0
GP-4	Ideenmanagement	0	0	0	x	1	1	2	2	1	3	1	0	0	0	3	1	1	1	0	2	2	0	1	0	0	2
GP-5	Nutzung IT-Techniken	2	3	2	0	x	2	1	1	0	1	2	1	0	0	1	1	3	0	0	0	0	2	2	2
GP-6	Risikomanagement	3	2	0	0	3	x	1	1	0	1	0	3	0	2	2	3	2	2	1	2	1	0	2	3	3	1
GP-7	Marketing, Präsentation Intellektuelles Kapital	1	1	0	0	0	0	x	0	0	3	0	3	1	1	3	3	3	0	0	0	0	3	2	2	2
GP-8	Repräsentieren,	0	0	0	0	0	0	3	x	2	3	0	3	3	3	3	3	1	2	2	3	2	2	3	1	1	1
GP-9	Personalführung, -motivation	2	3	3	1	0	1	1	3	x	3	2	3	1	2	2	2	1	3	1	1	1	2	2	2	2	3
GP-10	Erwerb, Transfer und Sicherung von Wissen	1	2	3	3	1	1	2	3	3	x	3	3	2	2	2	2	1	0	0	0	0	0	3	3	3	3
GP-11	Selbstorganisation, Arbeitstechniken	2	3	0	2	2	0	1	1	2	3	x	3	1	2	3	1	3	1	1	0	0	0	2	2	3	2
GE-1	Generalist, ganzheitliches Denken	0	3	2	2	0	2	3	3	1	3	3	x	0	0	0	3	3	1	0	0	0	1	0	0	0	0
GE-2	Akquisitionsstärke	0	3	3	3	0	0	3	3	1	1	1	0	x	0	2	2	0	1	1	2	2	3	0	0	1	0
GE-3	Wille zum Erfolg	1	3	3	3	0	2	1	3	3	1	1	0	0	x	2	2	0	3	3	3	1	3	0	0	1	0
GE-4	Zielorientierung, -bezogenes Handeln	0	0	1	3	2	3	2	2	3	3	3	0	0	0	x	3	3	2	2	2	0	1	0	2	1	2
GE-5	Proaktives statt reaktives Handeln	2	1	0	1	0	3	2	2	2	2	1	2	2	2	2	x	2	1	3	3	2	0	2	2	3	3
GE-6	Systematische Vorgehensweise	1	2	0	0	2	2	3	2	1	2	3	3	0	0	3	3	x	1	3	1	1	0	3	2	2	1
GE-7	Durchsetzungsvermögen	3	3	0	0	0	1	1	3	3	2	1	3	3	3	3	1	x	3	2	2	3	1	2	3
GE-8	Beharrlichkeit	0	2	1	0	0	0	0	1	2	2	3	2	3	3	1	3	3	x	2	0	0	2	1	1	3
GE-9	Eigeninitiative	3	2	3	3	2	1	2	3	3	3	0	2	2	2	3	1	2	2	x	1	0	1	1	1	3

BERICHT	Wirkungsstärken
Firma:	Kreditnehmer XYZ
Projekt:	Persönliche Kreditwürdigkeitsprüfung

Periode 2009/2011

		GP-1	GP-2	GP-3	GP-4	GP-5	GP-6	GP-7	GP-8	GP-9	GP-10	GP-11	GE-1	GE-2	GE-3	GE-4	GE-5	GE-6	GE-7	GE-8	GE-9	GE-10	GE-11	HK-1	HK-2	HK-3	HK-4
GE-10	Unabhängigkeit, interessenungebunden	0	0	0	0	0	0	1	3	3	2	1	1	3	3	3	3	1	3	3	1	x	3	2	1	2	2
GE-11	Loyalität gegenüber Auftraggebern	1	3	0	0	0	0	1	3	3	0	0	3	3	3	1	0	1	1	0	3	x	2	1	2	2
HK-1	Beratungsstärke	3	3	3	1	2	2	3	3	3	0	0	3	3	3	3	3	2	0	0	0	2	x	3	3	1
HK-2	Fachkompetenz	3	3	2	1	3	3	3	3	3	1	0	1	1	3	3	3	2	1	0	2	1	0	x	2	3
HK-3	Konzeptionsstärke	3	3	3	1	2	3	3	3	3	3	0	3	3	3	3	3	2	0	0	1	0	0	1	x	0
HK-4	Innovationsfähigkeit	2	3	3	0	3	3	3	3	3	0	0	0	0	3	3	0	1	0	2	2	0	0	2	1	x
HK-5	Formulierungsstärke	0	1	1	2	0	0	3	3	3	3	1	3	3	2	2	1	3	3	2	3	3	2	2	1	2	0
HK-6	Problemlösungskompetenz	2	3	0	3	3	2	1	3	3	3	3	2	2	3	3	3	3	1	2	2	3	3	3	3	3	3
HK-7	Umgangsformen, Auftreten	0	3	0	0	0	0	2	3	3	0	0	3	1	1	1	0	3	0	1	1	0	3	0	0	0
HK-8	Selbstbewusstsein, innere Stärke	3	2	0	0	0	1	3	3	3	0	0	2	3	3	3	3	3	3	2	2	2	2	0	0	0
HK-9	Unternehmerisches Denken, Kompetenz	3	3	2	2	2	3	3	3	3	1	0	3	3	3	3	3	3	3	1	2	2	2	2	1	2	2
HK-10	Überzeugungskraft, Motivationsfähigkeit	2	3	0	0	0	0	3	3	3	1	0	0	3	3	3	3	1	3	1	1	2	2	2	0	2	0
HK-11	Glaubwürdigkeit, Akzeptanz	2	3	0	0	0	0	3	3	3	0	0	2	3	3	3	3	3	3	1	1	2	3	2	0	0	0
SK-1	Checklisten-Material	2	2	1	0	0	1	1	2	1	3	3	0	0	2	1	2	1	0	0	1	0	0	0	1	0
SK-2	Planungswissen, -material	2	2	1	0	1	2	3	3	3	3	0	0	2	2	3	2	0	0	1	2	0	0	1	0
SK-3	Eigene Business-Anwendungen	2	3	0	1	3	1	1	1	0	2	3	3	3	2	1	2	1	0	2	2	0	0	0	2	1
SK-4	Projekt-Dokumentationen	2	2	2	1	3	1	1	2	2	3	3	0	2	1	3	1	1	0	0	1	0	1	1	0
SK-5	Strategiewissen, -material	3	2	1	2	2	3	3	3	3	0	3	2	2	3	3	2	0	1	0	0	3	3	3	3
SK-6	CRM-Wissen, -material	1	1	1	1	2	1	2	2	2	2	0	1	3	3	3	3	1	2	0	0	1	3	1	1	2
SK-7	Büro-, Gewerbeflächen	0	0	0	0	0	0	1	2	2	0	0	1	1	0	0	0	0	0	0	0	0	0	0	0
SK-8	Betriebs-, Arbeitsmittel, Patente	2	0	0	0	1	0	0	1	1	0	1	0	0	0	0	0	0	0	0	0	0	1	2	0
SK-9	Eigenkapital, Liquidität	2	1	1	0	1	2	0	0	0	0	0	1	2	1	2	2	2	0	0	3	0	0	0	1

Personalwirtschaftliche Problemstellungen - auf der operativen Ebene orientiert sich das Personalcontrolling an Zielen, d.h. Planung und Ermittlung von personalwirtschaftlichen Kenngrößen, Kontrolle als Soll-Ist-Vergleich, Abweichungsanalyse oder Entwicklung von Verbesserungsvorschlägen

Personalcontrolling als Berichtswesen: nur wer seinen Standort kennt, kann über den richtigen Weg zum Ziel entscheiden. So gelangt man beispielsweise über eine Entgelt-Aufwands-Rechnung mittels Kennzahlen-Systemen zu Aussagen über die pro geleisteter Arbeitsstunde gezahlten Entgelte. Über einen kostenanalytischen Ansatz kann untersucht werden, welche Elemente der Entgeltkosten es gibt und wie diese zusammenwirken. Die Einflussgrößen-Modelle, die z.B. nach Mengen-, Preis- und Struktureffekten differenzieren, sind unentbehrliche Grundlagen für Planungsrechnungen. Die Kontrolle im Sinne eines Soll-Ist-Vergleichs ist eine Teilphase im Steuerungsprozess. Hier steht nicht die formale Richtigkeit, sondern die Erreichung inhaltlicher Ziele im Vordergrund. Folgende Kontrollaufgaben sind im Entgeltbereich wichtig: sind Sonderzahlungen wie z.B. Erfolgsprämien auch tatsächlich dahin geflossen, wo die Leistung entsprechend war? Entsprechen Funktions- und Stellenprofile sowie deren Zuordnung der aktuellen betrieblichen Situation? Werden Gehaltserhöhungs-Budgets eingehalten?

Personalwirtschaftliche Kennzahlen: obwohl Kennzahlen auch im Personalbereich eine wichtige Planungs- und Entscheidungsgrundlage sind, müssen diese den individuellen Bedürfnissen des einzelnen Unternehmens allgemein sowie des DV-Bereiches speziell entsprechen. Typische Probleme, die bei der Bildung von Kennzahlen auftreten können, sind u.a. mangelnde Konsistenz von Kennzahlen: die Verwendung mehrerer Kennzahlen in einem Kennzahlensystem darf keinen Widerspruch beinhalten. Es sollten nur solche Größen zueinander in Beziehung gesetzt werden, zwischen denen ein nachweisbarer Zusammenhang besteht. Problem der Kennzahlen-Beeinflussbarkeit: Es sollte zwischen direkt und indirekt kontrollierbaren Kennzahlen unterschieden werden. Im ersten Fall kann ein Soll-Wert durch eine oder mehrere Aktionsvariable beeinflusst werden, während dies bei nur indirekt kontrollierbaren Kennzahlen nicht der Fall ist. Obwohl Kennzahlen auch im Personalbereich eine wichtige Planungs- und Entscheidungsgrundlage sind, müssen diese den individuellen Bedürfnissen des einzelnen Unternehmens entsprechen. Typische Probleme, die bei der Bildung von Kennzahlen auftreten können, sind Kennzahleninflation, Fehler beim Aufstellen von Kennzahlen, mangelnde Konsistenz von Kennzahlen oder Kennzahlen-Beeinflussbarkeit. Die grundlegende Frage zu dieser Perspektive befasst sich damit, welche Ziele hinsichtlich der Potenziale gesetzt werden müssen, um sowohl den aktuellen als auch den zukünftig zu erwartenden Herausforderungen gewachsen zu sein. Diese Art der Perspektive wird u.a. auch bezeichnet als: Learning and Growth-Perspektive, Mitarbeiter-Perspektive, Innovations-Perspektive, Zukunfts-Perspektive. Die Potenzialperspektive ist damit ein strategisches Kernelement der Personalbilanz. Die Schwierigkeit des Erkennens von Potenzialen liegt vor allem darin, dass sie häufig mehr in Form von Visionen als in Form von exakt mess- und kontrollierbaren Zahlenwerten fassbar gemacht werden können.

Datengerüst für den Personaleinsatz: folgendes Datengerüst sollte kontinuierlich auf den jeweils neuesten Stand gebracht werden: a) Marktdaten, d.h. Umsatzentwicklung, Marktanteilsquoten, Konkurrenzdaten, b) Produktdaten, d.h. Kennziffern zum Verhältnis von Personaleinsatz zu Ausbringung, Personalkostenanteil am Umsatz, c) Stellendaten, d.h. Übersicht über vorhandene Stellen nach Anzahl, Anforderungen, organisatorischen Einheiten etc., d) Personendaten, d.h. stichtagbezogener Personalbestand, Personalzu- und -abgänge, Altersstruktur, Qualifikationsstruktur, Krankenstandquote, Fehlzeitenquoten, Urlaubsdaten, Arbeiter/Angestelltenquote, Männer/Frauenquote, Facharbeiter/ Ungelerntenquote, Deutsche/Ausländerquote, e) Entgeltdaten, d.h. Durchschnittslohn/-gehalt, Tarifliches/ übertarifliches Entgelt nach Lohn- /Gehaltsgruppen oder nach Tätigkeitsgruppen, Sozialkosten.

Vorteile funktionierender Personalplanung

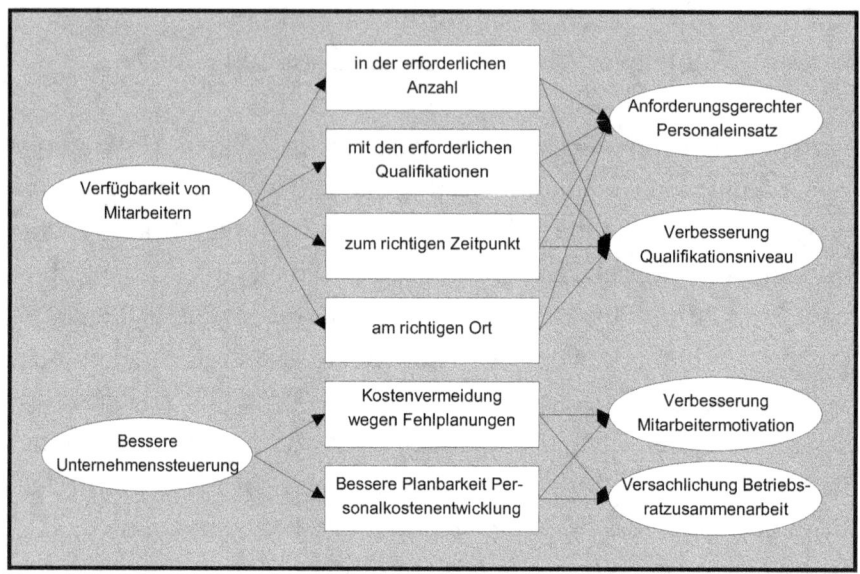

Medianwert, Häufigster Wert, Streuungsmaße: der Median- oder Zentralwert ist jener Wert, der die gesamte Untersuchungsmasse in zwei gleichgroße Hälften teilt. Danach liegen 50% der Fälle oberhalb und 50% der Fälle unterhalb des Medians. Im o.a. Beispiel liegt der Medianwert zwischen dem 25. und 26. Lohnempfänger, d.h. Medianwert = 11,11 Euro. Der häufigste, d.h. dichteste Wert in einer Reihe ist jener Einzelwert, der am häufigsten vorkommt, d.h. die Werte müssen nach Häufigkeiten der einzelnen Größen geordnet werden: Häufigster Wert = 11,81 Euro. Welcher Mittelwert als Grundlage für eine Bewertung oder Entscheidung heranzuziehen ist, hängt wesentlich von der Fragestellung ab. Beispielsweise kann die Frage nach dem durchschnittlichen Stundenlohn zweckmäßig durch die Berechnung des gewogenen arithmetischen Mittels beantwortet werden. Wird beispielsweise gefragt, wie viel die untere Hälfte der Mitarbeiter höchstens je Stunde verdient, empfiehlt sich die Berechnung des Medianwertes. Die Verteilung der Einzelwerte um einen Mittelwert kann man anhand der Streuung messen: je grösser die Streuung ist, desto unwahrscheinlich ist gleichzeitig, dass ein Einzelwert dem Mittelwert entspricht. Der Mittelwert hat eine umso größere Aussagekraft, je kleiner das Maß der Streuung der Einzelwert um ihn ist:

	Monatsende	Anzahl Mitarbeiter	Abweichung vom arithm. Mittel	Anzahl Mitarbeiter	Abweichung vom arithm. Mittel
		A		B	
1	Januar	837	-12	801	-48
2	Februar	835	-14	780	-69
3	März	836	-13	795	-54
4	April	840	-9	810	-39
5	Mai	845	-4	835	-14
6	Juni	851	2	850	1
7	Juli	855	6	870	21
8	August	853	4	890	41
9	September	853	4	860	11
10	Oktober	854	5	880	31
11	November	860	11	864	15
12	Dezember	866	17	950	101
	Summe	10.185	0	10.185	0

Sowohl in Fall A als auch in Fall B beträgt das einfache arithmetische Mittel = 10.185 : 12 = 849. Aufgrund seiner geringen

Streuung, d.h. höheren Dichte, spiegelt der Mittelwert den Mitarbeiterbestand im Fall A zutreffender als im Fall B wider. Das einfachste Streuungsmaß ist die Spannweite als Differenz zwischen dem kleinsten und größten Einzelwert: Spannweite A = 31, d.h. im Fall A liegt die geringste Mitarbeiterzahl im Februar bei 835, die höchste im Dezember bei 866, d.h. daraus ergibt sich als Differenz = 31.

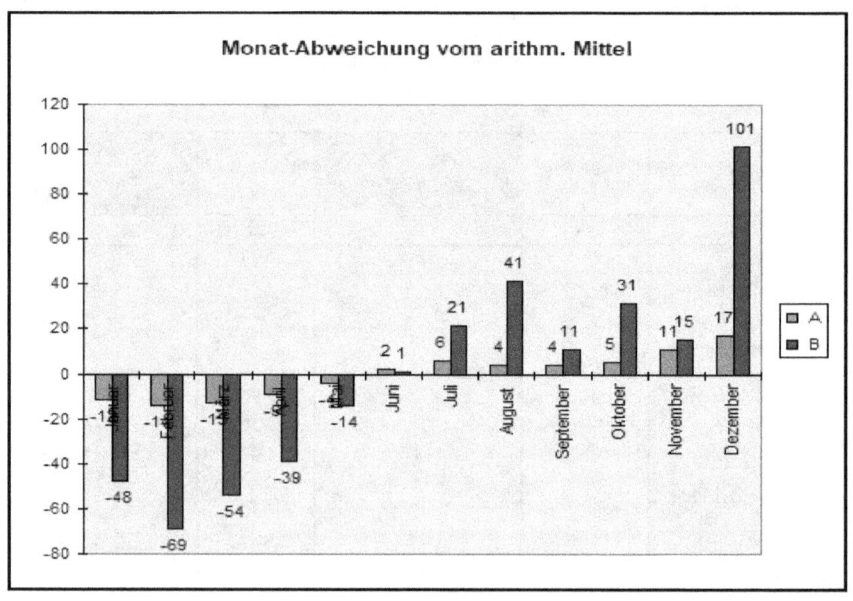

Ein genaueres Streuungsmaß erhält man durch Errechnung der durchschnittlichen Abweichung: hierzu müssen die absoluten Abstände der Einzelwerte vom arithmetischen Mittel addiert und durch die Anzahl der Einzelwerte dividiert werden:

Fall A = (12+14+13+9+4+2+6+4+4+5+11+17) : 12 = 8,33
Fall B = (48+69+54+39+14+1+21+41+11+31+15+101) : 12 = 37,08.

Die relative Streuung lässt sich als Verhältnis vom Wert der Abweichung zum Mittelwert errechnen = (Durchschnittliche Abweichung x 100) : Arithmetisches Mittel

Fall A (8,33 x 100) : 849 = 0,98 %
Fall B (37,08 x 100) : 849 = 4,37 %

> **Je heftiger Veränderungsprozesse sind, desto mehr und schnellere Unterstützung wird von außerhalb gebraucht. Beratungsfirmen konzentrieren sich immer stärker auf den Einsatz von Analysewerkzeugen: man sucht Mathematiker, Informatiker und Ingenieure, die Prozesse verstehen und diese mit mathematischen Formeln abbilden können**

Mit der Digitalisierung ändert sich nicht nur, wie Berater arbeiten, sondern auch, welche Mitarbeiter die Consultingfirmen suchen. Beratungsfirmen haben ihr digitales Knowhow weiter aufgestockt und haben eigene Softwareeinheiten gegründet. Manchmal gründen sie separate Tochtergesellschaften, „um sich mit Data Analytics, Software- und App-Entwicklungen und digitaler Transformation (dadurch entstehen ganz neue Geschäftsmodelle) zu beschäftigen. Nicht auszuschließen ist, dass Beraterleistungen bald nur noch aus der Entwicklung disruptiver Modelle und Prozesse bestehen wird. Die Teamzusammensetzung und Geschwindigkeiten bei Projekten sind bei digitalbasierten Projekten anders als bei nichtdigitalen Projekten. „Gemeinsam mit den Kunden werden Prototypen entwickelt und etwa per Computersimulation getestet, um einer neuen digitalen Lösung die auch im Markt funktionieren wird, Schritt für Schritt näher zu kommen". Vielleicht es es auch nicht abwegig, dass Berater nicht nur für ihre Kunden disruptive Modelle entwickeln, sondern das Consulting selbst zum disruptiven Modell wird, die den Beraterjob teilweise überflüssig machen könnten. Es geht um automatisierte Beratung, die sich auf Algorithmen und Modelle einer künstlichen Intelligenz stützt. Wenn jeder auf der Suche nach neuen digitalen Geschäftsmodellen ist, so ist es natürlich auch die Beraterbranche für sich selbst. Die Technologiekompetenz des Beraters ist hierfür eine unabdingbare Voraussetzung, die Weiterbildungsbudgets der Beratungsfirmen dürften weiter anwachsen. Potentielle Kunden der Berater haben mit zahlreichen Veränderungen zu kämpfen, die schnell und heftig daherkommen (angefangen bei der Digitalisierung über zunehmende Regulatorik und einem veränderten Kundenverhalten aufgrund Wertewandel). Solche Unternehmen werden nicht anders können, als sich Rat und Fachwissen auch extern einzukaufen. Veränderungen auf der Kundenseite bedeuten aber gleichzeitig auch Anpassungsprozesse auf der Anbieterseite. Je heftiger solche Veränderungsprozesse sind, desto mehr und schnellere Unterstützung wird von außerhalb gebraucht. Beratungsfirmen konzentrieren sich immer stärker auf den Einsatz von Analysewerkzeugen. Diese erzwingen es, völlig neue Geschäftsmodelle zu entwickeln.

Gliederungszahlen, Beziehungszahlen, Messzahlen: durch die Berechnung einer Gliederungszahl könnte beispielsweise die Personalgliederung nach Beschäftigungsgruppen und Geschlecht dargestellt werden:

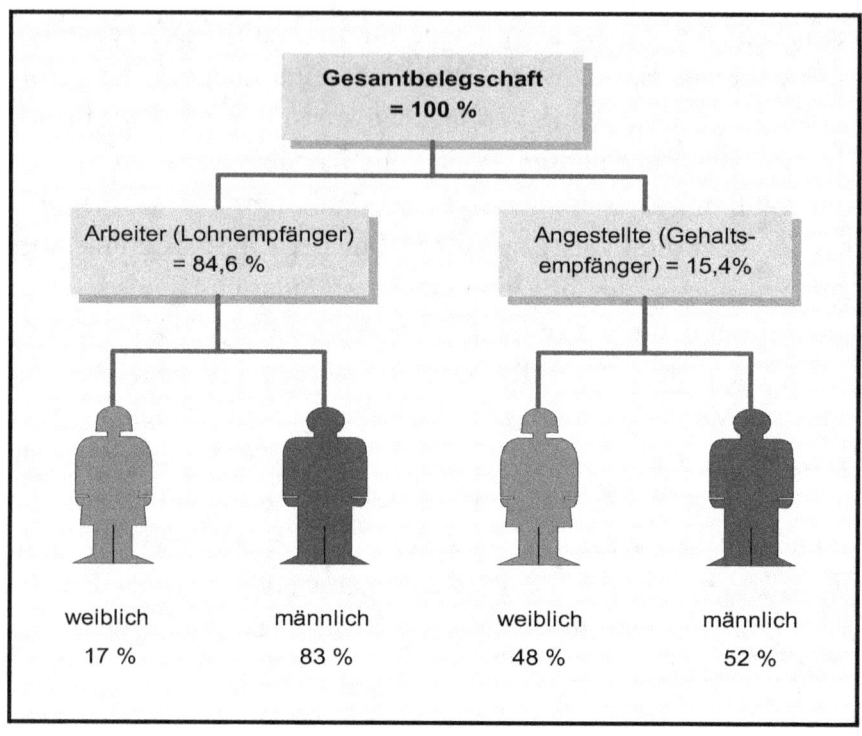

Bei Beziehungszahlen werden ungleichartige Massen -sinnvoll- zueinander in Beziehung gesetzt, indem beispielsweise der Umsatz je Mitarbeiter für eine Periode (Geschäftsjahr) berechnet wird:

Umsatz: 50 Mio Euro   Personalaufwand: 32 Mio Euro
Durchschnittliche Anzahl Mitarbeiter : 849

$$\text{Umsatz je Mitarbeiter} = \frac{50.000.000}{849} = 58.892 \text{ Euro}$$

$$\text{Personalaufwand je Mitarbeiter} = \frac{32.000.000}{849} = 37.691 \text{ Euro}$$

	Ums/Mitarb.	Umsatz in Euro	Mitarbeiter
Vorjahr-3	50.930	40.234.800	790
Vorjahr-2	54.939	44.500.500	810
Vorjahr-1	58.149	47.682.000	820
Vorjahr	59.005	48.974.500	830
IST-Jahr	58.893	50.000.000	849

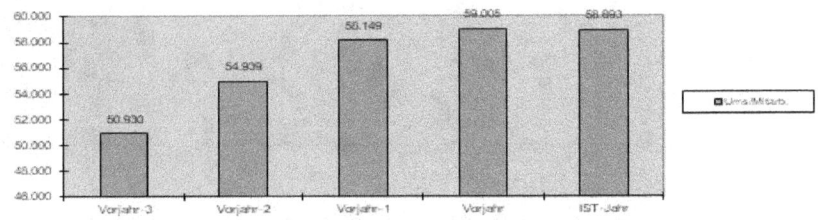

	Persaufw./Mitarb.	Personalaufwand	Mitarbeiter
Vorjahr-3	34.304	27.100.000	790
Vorjahr-2	36.728	29.750.000	810
Vorjahr-1	37.561	30.800.000	820
Vorjahr	37.590	31.200.000	830
IST-Jahr	37.691	32.000.000	849

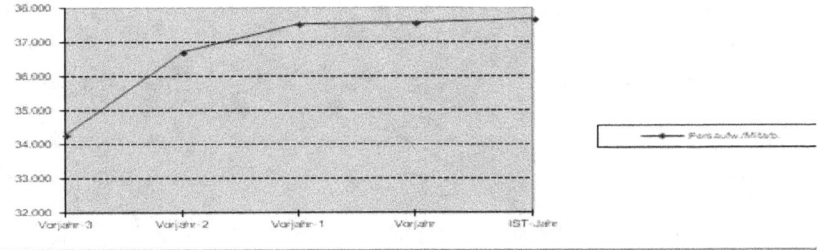

Werden die einzelnen Glieder einer Zeitreihe mit einem Glied als Basis verglichen, die gleich 100 gesetzt wird, so erhält man die jeweils prozentuale Veränderung gegenüber dem Basisglied:

	Monatsende	Anzahl Mitarbeiter	Messzahl Januar = 100 A	Anzahl Mitarbeiter	Messzahl Januar =100 B
1	Januar	677	100,0	642	100,0
2	Februar	678	100,1	654	101,9
3	März	672	99,3	663	103,3
4	April	672	99,3	628	97,8
5	Mai	681	100,6	645	100,5
6	Juni	685	101,2	657	102,3
7	Juli	686	101,3	680	105,9
8	August	690	101,9	679	105,8
9	September	688	101,6	701	109,2
10	Oktober	692	102,2	721	112,3
11	November	690	101,9	734	114,3
12	Dezember	691	102,1	798	124,3

Personalbedarfsrechnung: zur Ermittlung der Zeit, die zur Produktion einer Gütermenge notwendig ist, wird der Arbeitsablauf zunächst in einzelne Arbeitsgänge zerlegt sowie dann die Qualifikation festgelegt, die für die Ausführung dieser Arbeitsvorgänge notwendig ist.

$$P_b = \frac{\frac{t_r + (m \times t_e)}{L_t}}{Z_e}$$

P_b = Personalbedarf
t_r = Rüstzeit
t_e = Zeit je Einheit
L_t = tatsächlicher durchschnittlicher Leistungsfaktor
Z_e = Zeitdauer, die eine Arbeitskraft effektiv zur Verfügung stellt

Der Brutto-Personalbedarf kann anhand folgender Formel ermittelt werden:

> Brutto-Personalbedarf = (Einsatzbedarf + Reservebedarf) - (Personalbestand zum Planungszeitpunkt - voraussichtliche Abgänge + voraussichtliche Zugänge)
> = Netto-Personalbedarf

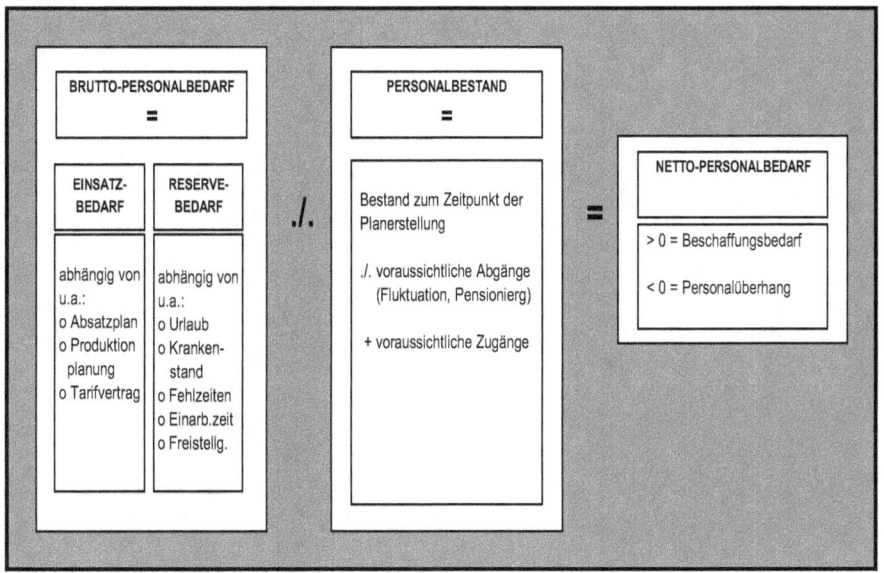

Einsatzbedarf: der Einsatzbedarf für Personal ist abhängig von Faktoren wie: Absatzplan, Produktionsplan, Tarifvertrag u.a.:

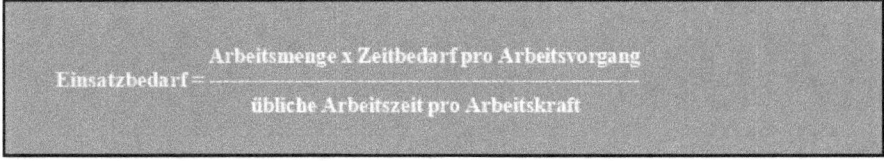

Im Rahmen der Kapazitätsplanung kann man für die Einsatzbedarfsplanung von 365 oder 366 Kalendertagen ausgehen, wovon 52 Sonntage, 52 Samstage und die Zahl der Feiertage im Jahr abzuziehen sind. Die Differenz ist die Zahl der Werktage des Unternehmens, die auf die Zeitkapazität der Mitarbeiter noch dadurch zu reduzieren ist, indem Urlaubs- und durchschnittliche Krankheitstage abgezogen werden.

Personal-Kapazitätsplan

		Personal-Kapazitätsplan -Beschäftigte im Jahresdurchschnitt-							
		Allg. Hilfs-stellen-bereich	Beschaf-fungs-bereich		Fertigungs-abteilg.			Entwick-lungs-bereich	Verw.-und Vertriebs-bereich
	Summe			Summe	I.	II.	III.		
IST	Pers.	Pers.	Pers.	Pers.	Pers.	Pers.	Pers.	Pers.	Pers.
Vorjahr-1	287	22	9	221	94	55	72	8	27
Vorjahr	297	24	11	222	98	54	70	10	30
IST-Jahr	307	30	12	221	95	58	68	11	33
Abw.	%	%	%	%	%	%	%	%	%
Vorjahr-1	-	-	-	-	-	-	-	-	-
Vorjahr	3,5%	9,1%	22,2%	0,5%	4,3%	-1,8%	-2,8%	25,0%	11,1%
IST-Jahr	3,4%	25,0%	9,1%	-0,5%	-3,1%	7,4%	-2,9%	10,0%	10,0%
PLAN	Pers.	Pers.	Pers.	Pers.	Pers.	Pers.	Pers.	Pers.	Pers.
Planjahr	311	32	13	224	94	60	70	12	30
Planjahr+1	315	32	14	227	95	60	72	12	30
Planjahr+2	323	25	15	237	98	65	74	15	31
Abw.	%	%	%	%	%	%	%	%	%
Vorjahr-1	-	-	-	-	-	-	-	-	-
Vorjahr	1,3%	0,0%	7,7%	1,3%	1,1%	0,0%	2,9%	0,0%	0,0%
IST-Jahr	2,5%	-21,9%	7,1%	4,4%	3,2%	8,3%	2,8%	25,0%	3,3%

		Personal-Kapazitätsplan					
		Umsatz pro Durchschnitt-Beschäftigte			Fertigungs-lohn-stunden pro Durchschn.Beschäft.		Masch. std.
	Allg. Hilfs-stellen-bereich	Beschaf-fungs-bereich	Verw.-und Vertriebs-bereich		Fertigungs-abteilg		
				I.	II.	III.	
IST	Euro	Euro	Euro	Std.	Std.	Std.	
Vorjahr-1	1.033	1.488	1.566	1.179	1.303	988	
Vorjahr	1.344	1.527	1.678	1.188	1.298	966	
IST-Jahr	1.298	1.766	1.893	1.245	1.317	996	
Abw.	%	%	%	%	%	%	
Vorjahr-1	-	-	-	-	-	-	
Vorjahr	30,1%	2,6%	7,2%	0,8%	-0,4%	-2,2%	
IST-Jahr	-3,4%	15,7%	12,8%	4,8%	1,5%	3,1%	
PLAN	Euro	Euro	Euro	Std.	Std.	Std.	
Planjahr	1.305	1.800	1.900	1.250	1.320	1.000	
Planjahr+1	1.310	1.890	1.905	1.255	1.325	1.010	
Planjahr+2	1.320	1.950	1.940	1.260	1.330	1.020	
Abw.	%	%	%	%	%	%	
Vorjahr-1	-	-	-	-	-	-	
Vorjahr	0,4%	5,0%	0,3%	0,4%	0,4%	1,0%	
IST-Jahr	0,8%	3,2%	1,8%	0,4%	0,4%	1,0%	

Digitale Interaktion und Selbstbestimmung: unter dem Banner digitaler Verwandlung findet auch die freie Entfaltung der Persönlichkeit in einer neuen Alltagswelt statt. „In sozialen Bezügen kann nur derjenige selbstbestimmtes Subjekt bleiben, der sein für andere zugängliches Bild im öffentlichen Raum als Selbstdarstellungsanspruch beherrscht. Die in sozialen Netzwerken generierten riesenhaften Datenmengen haben das Risiko für eine unkontrollierte Durchleuchtung und Ausspähung von Menschen erhöht. Die bloße Quantität der Datenmengen und zahlloser digitaler Spuren ist in eine neue Qualität hochleistungsfähiger Auswertungsmöglichkeiten umgeschlagen. Über jedermann lassen sich Datenprofile erstellen. Die Möglichkeiten zur Auswertung von Gesundheitsdaten schaffen Perspektiven, die die Phantasie eines George Orwell noch bei weitem übersteigen. Die permanente digitale Interaktion verschiebt den alltäglichen Lebenserfahrungsraum: „Wer nicht nur Werbeangebote, sondern auch politische und soziale Informationen aufgrund der von ihm hinterlassenen Datenspuren selektiv erhält, könnte unmerklich in einer Art Selbstdetermination gefangen werden". Zwar verspricht das Netz Transparenz für alles und jedes, „bleibt aber selbst insbesondere in seinen Wertschöpfungsmodellen eigentümlich intransparent und kaum erreichbar für politische Ordnungsansprüche". Nach Meinung von Experten braucht es daher eine digitale Bildung, um erkennen zu können, was das Netz mit uns macht, was wir aber auch mit dem Netz machen können. Am Ende darf nach dieser Meinung nicht die algorithmische Person stehen, sondern selbstbestimmte Menschen, die auch selbst die digitale Welt (mit-)gestalten.

Beschäftigungsabweichung

Sp.-Nr.	Bezeichnung	Anz. Std.	Euro
1	Normal-Beschäftigung	440	
2	Planbeschäftigung (Jahresplan n. Monaten)	375	
3	Planbeschäftigung kurzfristig	350	
4	Soll-Beschäftigung	320	
5	Ist-Beschäftigung	305	
6	Fixkostensatz/Std. Laufzeit Anlage		-280
7 Über-/Unterbeschäftigung	= Sp. 2 ./. Sp. 1	65	
8 Plan-Leerkosten	= Sp. 6 x Sp. 7		-18.200
9 Beschäftigungsabweichung I	= Sp. 3 ./. Sp. 2	-25	
10 Besch.Abw. vertriebsbedingt	= (Sp. 6 x Sp. 9) x -1		-7.000
11 Beschäftigungsabweichung II	= Sp. 4 ./. Sp. 3	-30	
12 Besch.Abw. betriebsbedingt	= (Sp. 6 x Sp. 11) x -1		-8.400
13 Soll-Leerkosten	= Sp. 8 + Sp. 10 + Sp. 12		-33.600
14 Verbrauchsmengenabweichg.	= Sp. 5 ./. Sp. 4	-15	
15 Bewertung Abw. Sp. 14	= (Sp. 6 x Sp. 14) x -1		-4.200
16 Ist-Leerkosten	= Sp. 13 + Sp. 15		-37.800

Reservebedarfsrechnung: wird der Einsatzbedarf sehr knapp berechnet, würden Personalausfälle zusätzliche Belastungen der übrigen Mitarbeiter, ungeplante Überstunden oder Produktionsverzögerungen zur Folge haben. In den Reservebedarf sollten deshalb insbesondere auch Abwesenheiten eingeplant werden:

1.	Ermittlung der jährlichen Betriebszeiten		
	Jahrestage	365	
	./. Sonntage	-52	
	./. Samstage	-52	
	./. Feiertage	8	
	= potenzielle Arbeitstage	269	100 %,
		=	d.h. 1 Tag 0,37%

2.	Ermittlung des Reservebedarfs		
		Tage	Prozent
	Tarifurlaub	25	9,3
	Unbezahlter Urlaub	4	1,5
	Sonst. Urlaub (z.B. Schwerbeh.)	3	1,1
	Mutterschutz, Erziehungsurlaub	5	1,9
	Bundeswehr	0	0,0
	Fortbildung/Bildungsurlaub	4	1,5
	Nicht besetzte Arbeitsplätze	3	1,1
	Arbeitsunfähigkeit	12	4,5
	Freistellungen (z.B. Betriebsrat)	1	0,4
	= Durchschn. Abwesenheit für Reservebedarf	57 =	21,2 RESERV-TAGE

3.	Zusätzl. Resevebedarf bei durchlaufenden Pausen und Aufrechterhaltung der Betriebsnutzungszeit bei einer Arbeitszeitverkürzung	Tage	Prozent
	Freischichten für 37,5 Std.-Woche	8	3,0
	Springereinsatz für 40 Minuten bei durchlaufenden Pausen pro 8-Stunden-Schicht	12	4,5
	= Zusätzlicher Reservebedarf	20 =	7,4 RESERV-TAGE

Strukturzahlen des Personalbestandes: Der Personalbestand ist für sich bereits eine aussagefähige Kenngröße und dient deshalb auch als Bezugszahl für zahlreiche andere Kennzahlen. Ermittelt wird diese Größe entweder zu einem bestimmten Stichtag oder als Durchschnitt aus mehreren Stichtagen. Die Veränderung des Personalbestandes kann als absolute oder relative Größen errechnet werden:

Periode	Personalbestand GESAMT	Veränderung absolut	Veränderung relativ (%)
Vorjahr 1. Qu.	537	-	-
Vorjahr 2. Qu.	540	3	0,6%
Vorjahr 3. Qu.	542	2	0,4%
Vorjahr 4. Qu.	539	-3	-0,6%
IST 1. Qu.	540	1	0,2%
IST 2. Qu.	542	2	0,4%
IST 3. Qu.	530	-12	-2,2%
IST 4. Qu.	525	-5	-0,9%
Planjahr 1. Qu.	528	3	0,6%
Planjahr 2. Qu.	532	4	0,8%
Planjahr 3. Qu.	540	8	1,5%
Planjahr 4. Qu.	550	10	1,9%

Die Struktur des Personalbestandes lässt sich beispielsweise mit Hilfe folgender Untergliederungen anzeigen: a) Art des Vertragsverhältnisses (unbefristet/befristet, Vollzeit-/ Teilzeitbeschäftigung, Ausbildungsvertrag), b) Beruf (Kaufmännisch, Techniker etc.), c) Staatsangehörigkeit, d) Geschlecht, e) Alter, f) Dauer der Betriebszugehörigkeit, g) Entlohnungsform, h) Kostenstellen/-träger, i) Stellung im Unternehmen (untere, mittlere, obere Führungsebene), j) Funktionsgruppe (Sekretärin, Disponent, Filialleiter u.a.).

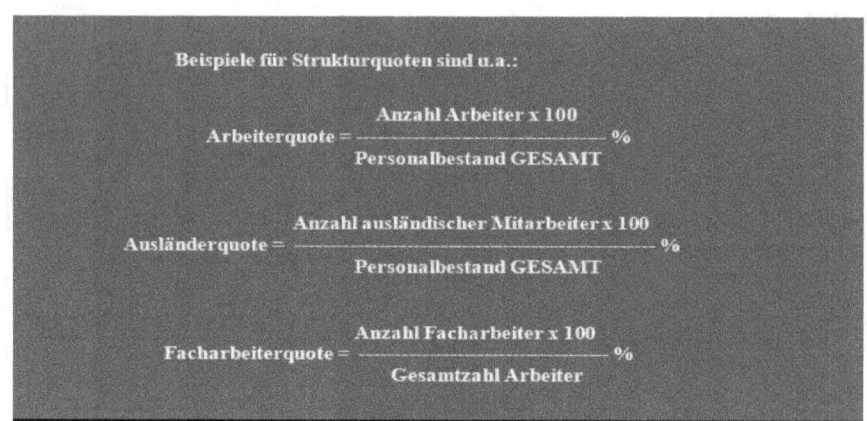

Standortbezogene Personalstruktur

Periode	Personalbestand GESAMT	davon in: Zentrale	davon in: Filiale A	davon in: Filiale B
Vorjahr 1. Qu.	537	27	182	328
Vorjahr 2. Qu.	540	32	185	323
Vorjahr 3. Qu.	542	34	185	323
Vorjahr 4. Qu.	539	35	180	324
IST 1. Qu.	540	38	178	324
IST 2. Qu.	542	40	178	324
IST 3. Qu.	530	40	181	309
IST 4. Qu.	525	35	182	308
Planjahr 1. Qu.	528	30	182	316
Planjahr 2. Qu.	532	25	185	322
Planjahr 3. Qu.	540	20	190	330
Planjahr 4. Qu.	550	20	193	337

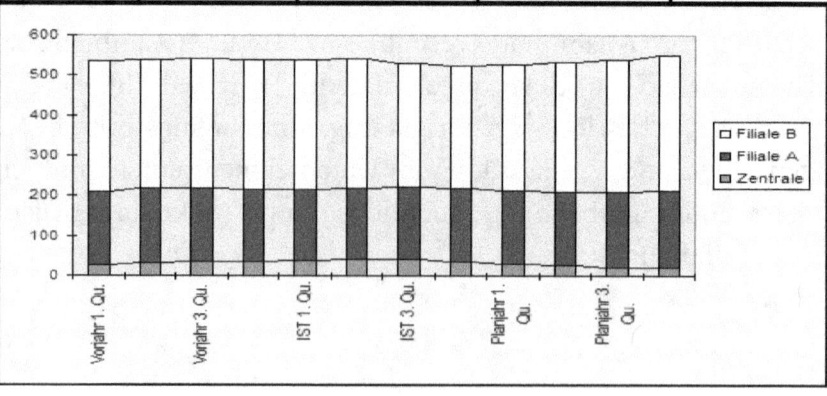

Struktur nach Dauer der Betriebszugehörigkeit

Periode	Personal	Betriebszugehörigkeit (Anz. Jahre)				
		0 - <2 Jahre	2 - <4 Jahre	4 - <9 Jahre	9 - <19 Jahre	>19 Jahre
Vorjahr 1. Qu.	537	198	177	87	55	20
Vorjahr 2. Qu.	540	205	178	90	47	20
Vorjahr 3. Qu.	542	211	185	88	36	22
Vorjahr 4. Qu.	539	187	192	88	48	24
IST 1. Qu.	540	177	195	92	50	26
IST 2. Qu.	542	190	191	92	44	25
IST 3. Qu.	530	201	180	95	30	24
IST 4. Qu.	525	207	182	90	20	26
Planjahr 1. Qu.	528	200	185	90	28	25
Planjahr 2. Qu.	532	195	190	90	32	25
Planjahr 3. Qu.	540	190	195	90	40	25
Planjahr 4. Qu.	550	180	200	90	55	25

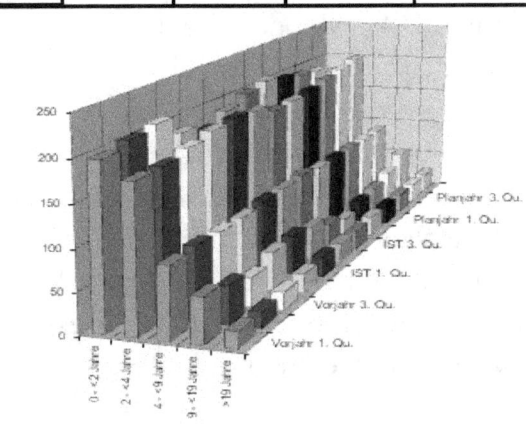

Kennzahlen aus Mitarbeiterbefragungen: in Form eines Punkte-Bewertungsverfahren sollen die Ergebnisse der Mitarbeiter-Befragung anhand von vorher festzulegenden Beurteilungskriterien bewertet werden, d.h. pro Kriterium sollen auf einer beliebigen Punkteskala, (beispielsweise von 0-10, je nach dem Grad der Erfüllung des jeweiligen Beurteilungskriteriums) Punkte vergeben (0 = Kriterium nicht erfüllt, 10 = bestmögliche Erfüllung des Kriteriums) werden. Notwendige Daten: a) Bestimmung der Kriterien (die für die Bewertung heranziehbaren Kriterien werden möglichst umfassend aufgeschrieben und auf eventuell vorhandene Überschneidungen hin untersucht, b) Gewichtung der Ziele (die Bedeutung der einzelnen Kriterien wird durch eine prozentuale Gewichtung festgelegt. c) Wahl der geeigneten Skalierung (für die Zuordnung von Erfüllungsgraden der Zielkriterien ist eine geeignete Skalierung erforderlich, beispielsweise eine Skalierung von 1 bis 10), d) Festlegung und Bewertung, d.h. die Angabe des Grades, mit dem das jeweilige Kriterium der Mitarbeit-Zufriedenheit erfüllt wird. Die festgelegten Beurteilungskriterien werden mit einer Gewichtungskennziffer versehen, die vom Befragten seinem Anforderungsprofil entsprechend festgelegt wird. Danach Bewertung der Mitarbeiter-Zufriedenheiten mit Punktwerten plus Gewicht d.h. durch die Multiplikation von Gewichtskennziffer mit Punktzahlen wird für die jeweilige Bewertung eines Kriteriums eine nunmehr gewichtete Bewertungsziffer errechnet.

Bewertungskriterium	Gewicht-faktor 0-10	Mitarbeiter-Zufriedenheit selbst	Mitarbeiter-Zufriedenheit andere
Unternehmen	8,0	4,0	4,0
Arbeitsinhalt und -umfang	8,0	7,0	8,0
Arbeitszeit u. privater Freiraum	7,0	5,5	8,0
Geschäftsreisen	2,0	3,0	5,0
Gehalt	6,0	6,0	7,0
Arbeitsbedingungen	8,0	7,0	5,0
Leistungsbeurteilung	4,0	5,0	5,0
Festlegung von Zielsetzungen	3,5	4,0	3,5
Management und Führungsverhalten	5,0	4,0	5,0
Qualität der Arbeit	6,0	4,5	3,5
Anerkennung, Verantwortlichkeit	7,0	5,5	6,0
Information und Kommunikation	5,0	6,0	5,0
SUMME		61,5	65,0

Berechnung Gewichtsfaktor x Bewertungsnote:

Bewertungskriterium	Punktwerte 0-10 Mitarbeiter-Zufriedenheit selbst	Punktwerte 0-10 Mitarbeiter-Zufriedenheit andere	Gew. Faktor	= Gewichtsfaktor x Note Mitarbeiter-Zufriedenheit selbst	= Gewichtsfaktor x Note Mitarbeiter-Zufriedenheit andere
Unternehmen	4,0	4,0	8,0	32,0	32,0
Arbeitsinhalt und -umfang	7,0	8,0	8,0	56,0	64,0
Arbeitszeit und privater Freiraum	5,5	8,0	7,0	38,5	56,0
Geschäftsreisen	3,0	5,0	2,0	6,0	10,0
Gehalt	6,0	7,0	6,0	36,0	42,0
Arbeitsbedingungen	7,0	5,0	8,0	56,0	40,0
Leistungsbeurteilung	5,0	5,0	4,0	20,0	20,0
Festlegung von Zielsetzungen	4,0	3,5	3,5	14,0	12,3
Management + Führungsverhalten	4,0	5,0	5,0	20,0	25,0
Qualität de Arbeit	4,5	3,5	6,0	27,0	21,0
Anerkennung, Verantwortlichkeit	5,5	6,0	7,0	38,5	42,0
Information + Kommunikation	6,0	5,0	5,0	30,0	25,0
SUMME				374,0	389,3

Gewichtsstufen-Bewertung: werden für die Bewertung eine Vielzahl von Einzelkriterien innerhalb von Kriteriengruppen benotet und gewichtet, kann sich durch die reine Addition der hieraus errechneten Bewertungsziffern ein Ungleichgewicht ergeben. Es sollte daher noch eine zweite Beurteilungsstufe durchlaufen werden, bei der die Kriteriengruppen als Ganzes gewichtet und mit den relativierten Gruppenbewertungsziffern multipliziert werden. Die Addition dieser Werte ergibt eine Gesamtbewertungsziffer mit höherer Aussagekraft aufgrund des 2-stufigen Gewicht-Bewertungsverfahrens:

| | Punktwerte 0-10 | | Gewicht- | | | |
| | Mitarbeiter-Zufriedenheit | | stufe in % | | Mitarbeiter-Zufriedenheit | |
Bewertungskriterium	selbst	andere	1.	2.	selbst	andere
Unternehmen	4,0	4,0	15		0,6	0,6
Arbeitsinhalt und -umfang	7,0	8,0	22		1,5	1,8
Arbeitszeit + privater Freiraum	5,5	8,0	39		2,1	3,1
Geschäftsreisen	3,0	5,0	24		0,7	1,2
			100		5,0	6,7
1. Kriteriengruppe:				30	1,5	2,0
Gehalt	6,0	7,0	45		2,7	3,2
Arbeitsbedingungen	7,0	5,0	18		1,3	0,9
Leistungsbeurteilung	5,0	5,0	16		0,8	0,8
Festlegung Zielsetzungen	4,0	3,5	21		0,8	0,7
			100		5,6	5,6
2. Kriteriengruppe				45	2,5	2,5
Management + Führungsverhalten	4,0	5,0	12		0,5	0,6
Qualität der Arbeit	4,5	3,5	27		1,2	0,9
Anerkennung, Verantwortlichkeit	5,5	6,0	32		1,8	1,9
Information + Kommunikation	6,0	5,0	29		1,7	1,5
			100		5,2	4,9
				25	1,3	1,2
GESAMTBEWERTUNG				100	5,3	5,7

Weiterbildungszeit (Tage)/Mitarbeiter/Periode (z.B. Jahr): die Intensität der Weiterbildung wird pro Abteilung/Gesamt, jeweils für Vorperiode, lfd. Periode und Planperiode, errechnet durch:

$$\text{Abt. XY/Gesamt} = \frac{\text{Anzahl Weiterbildungstage}}{\text{Anzahl Mitarbeiter}}$$

	Vor-Periode	lfd. Periode	+/- %	Plan-Periode	+/- %
Abt. 1					
Anz. Weiterbildungstage	15	12	-20,0%	20	66,7%
Anz. Mitarbeiter	5	6	20,0%	6	0,0%
Abt. 2					
Anz. Weiterbildungstage	18	20	11,1%	22	10,0%
Anz. Mitarbeiter	7	8	14,3%	10	25,0%
Abt. 3					
Anz. Weiterbildungstage	14	15	7,1%	18	20,0%
Anz. Mitarbeiter	6	8	33,3%	8	0,0%
Abt. 4					
Anz. Weiterbildungstage	22	28	27,3%	30	7,1%
Anz. Mitarbeiter	12	9	-25,0%	8	-11,1%
Abt. 5					
Anz. Weiterbildungstage	25	28	12,0%	40	42,9%
Anz. Mitarbeiter	18	20	11,1%	24	20,0%
GESAMT ABT. 1-5					
Anz. Weiterbildungstage	94	103	9,6%	130	26,2%
Anz. Mitarbeiter	48	51	6,3%	56	9,8%
Weiterbildungs-Tg/Mitarbeiter Abt. 1	3,0	2,0	-33,3%	3,3	66,7%
Weiterbildungs-Tg/Mitarbeiter Abt. 2	2,6	2,5	-2,8%	2,2	-12,0%
Weiterbildungs-Tg/Mitarbeiter Abt. 3	2,3	1,9	-19,6%	2,3	20,0%
Weiterbildungs-Tg/Mitarbeiter Abt. 4	1,8	3,1	69,7%	3,8	20,5%
Weiterbildungs-Tg/Mitarbeiter Abt. 5	1,4	1,4	0,8%	1,7	19,0%
Weiterbildungs-Tg/Mitarbeiter GESAMT	2,0	2,0	3,1%	2,3	14,9%

%-Anteil Personalentwicklungs- an Gesamtpersonalkosten: Die Intensität der Weiterbildung wird pro Abteilung/Gesamt, jeweils für Vorperiode, lfd. Periode und Planperiode, errechnet durch:

$$\text{Abt. XY/Gesamt} = \frac{\text{Personalentwicklungskosten}}{\text{Personalkosten}} \times 100\ (\%)$$

	Vor-Periode	lfd. Periode	+/- %	Plan-Periode	+/- %
Abt. 1					
Personalentwicklungskosten	5.200	5.800	11,5%	6.100	5,2%
Personalkosten	75.500	78.200	3,6%	80.000	2,3%
Abt. 2					
Personalentwicklungskosten	6.100	6.500	6,6%	6.600	1,5%
Personalkosten	115.000	125.000	8,7%	127.000	1,6%
Abt. 3					
Personalentwicklungskosten	8.000	7.500	-6,3%	8.200	9,3%
Personalkosten	122.000	124.000	1,6%	128.000	3,2%
Abt. 4					
Personalentwicklungskosten	12.750	8.500	-33,3%	14.950	75,9%
Personalkosten	185.000	188.000	1,6%	190.000	1,1%
Abt. 5					
Personalentwicklungskosten	7.500	8.000	6,7%	10.000	25,0%
Personalkosten	190.000	188.000	-1,1%	198.000	5,3%
GESAMT ABT.1-5					
Personalentwicklungskosten	39.550	36.300	-8,2%	45.850	26,3%
Personalkosten	687.500	703.200	2,3%	723.000	2,8%
Entwicklg.kosten/Personalkosten Abt.1	6,9%	7,4%	0,5%	7,6%	0,2%
Entwicklg.kosten/Personalkosten Abt.2	5,3%	5,2%	-0,1%	5,2%	0,0%
Entwicklg.kosten/Personalkosten Abt.3	6,6%	6,0%	-0,5%	6,4%	0,4%
Entwicklg.kosten/Personalkosten Abt.4	6,9%	4,5%	-2,4%	7,9%	3,3%
Entwicklg.kosten/Personalkosten Abt.5	3,9%	4,3%	0,3%	5,1%	0,8%
Entwicklg.kosten/Personalkosten GESAMT	5,8%	5,2%	-0,6%	6,3%	1,2%

Berechnung Weiterbildungskosten pro Tag und Teilnehmer: pro Abteilung/Gesamt wird jeweils für Vorperiode, lfd. Periode und Planperiode errechnet:

$$\text{Abt. XY/Gesamt} = \frac{\sum \text{Weiterbildungskosten}}{\sum \text{Teilnehmer} \times \sum \text{Tage}} \quad (\text{€/Teilnehmer})$$

	Vor-Periode	lfd. Periode	+/- %	Plan-Periode	+/- %
Abt. 1					
Summe Weiterbildungskosten	5.200	5.800	11,5%	6.100	5,2%
Anz. Teilnehmer x Anz. Tage	25	28	12,0%	30	7,1%
Abt. 2					
Summe Weiterbildungskosten	6.100	6.500	6,6%	6.600	1,5%
Anz. Teilnehmer x Anz. Tage	35	38	8,6%	40	5,3%
Abt. 3					
Summe Weiterbildungskosten	8.000	7.500	-6,3%	8.200	9,3%
Anz. Teilnehmer x Anz. Tage	26	25	-3,8%	28	12,0%
Abt. 4					
Summe Weiterbildungskosten	12.750	8.500	-33,3%	14.950	75,9%
Anz. Teilnehmer x Anz. Tage	85	70	-17,6%	70	0,0%
Abt. 5					
Summe Weiterbildungskosten	7.500	8.000	6,7%	10.000	25,0%
Anz. Teilnehmer x Anz. Tage	70	72	2,9%	80	11,1%
GESAMT ABT. 1-5					
Summe Weiterbildungskosten	39.550	36.300	-8,2%	45.850	26,3%
Anz. Teilnehmer x Anz. Tage	241	233	-3,3%	248	6,4%
Kosten/Tag/Teilnehmer Abt. 1	208,0	207,1	-0,4%	203,3	-1,8%
Kosten/Tag/Teilnehmer Abt. 2	174,3	171,1	-1,9%	165,0	-3,5%
Kosten/Tag/Teilnehmer Abt. 3	307,7	300,0	-2,5%	292,9	-2,4%
Kosten/Tag/Teilnehmer Abt. 4	150,0	121,4	-19,0%	213,6	75,9%
Kosten/Tag/Teilnehmer Abt. 5	107,1	111,1	3,7%	125,0	12,5%
Kosten/Tag/Teilnehmer GESAMT	164,1	155,8	-5,1%	184,9	18,7%

Karriere unter dem Einfluss von Glück und Zufall: wer heute in Bangladesh auf die Welt kommt, dessen IQ kann noch so hoch sein, dessen Ehrgeiz noch so stark und dessen Fleiß noch so ausdauernd: es ist trotzdem unwahrscheinlich, dass er es im Leben genauso weit bringt wie einer, der zur selben Zeit in New York City auf die Welt gekommen ist

Auch für das Berufsleben gilt die Formel, nach der ohne Gelegenheit Können nichts bringt. Wurde jemand zum Manager aufgrund seiner Fähigkeiten, sozialen Geschmeidigkeit, Zähigkeit? Oder wurde er erst durch Integrantentum erfolgreich? Oder war es letztendlich nur ein schlichter Zufall, der ihn nach oben brachte? Jedenfalls ist das ganze Berufsleben immer ein Wechselspiel aus Talent, Anstrengung und glücklicher Fügung (die sich nicht erzwingen lässt). Die meisten Erfolgreichen neigen dazu, sich ihren Aufstieg als eigenen Verdienst anzurechnen und Glück oder Zufall zu unterschlagen. Unterschiede von Einkommen und Status lassen sich auch besser rechtfertigen, wenn man sie ausschließlich auf Leistungen zurückführen kann. Für den Karriereerfolg werden Leistungen eher überschätzt, der Zufall dagegen unterschätzt. „Dass jeder seines Glückes Schmied ist, ist ein Motivationstreiber, der die Marktwirtschaft in Schwung hält". Leistung soll eine überdurchschnittliche Entlohnung als Ausgleich für jahrelange entbehrliche Anstrengungen legitimieren. Es würde die eigene Bedeutung relativieren, müssten wir unsere Erfolge auf solche Unberechenbarkeiten und Nebensächlichkeiten wie karriereunterstützende Zufälle oder das förderliche Vitamin B zurückführen. Allerdings sind Karrieren, die nur auf Glück und Zufall beruhen, auch nicht unbedingt der Normalfall. Denn ohne Intelligenz, Wissen und Einsatz kommt auch keine Karriere zustande (von nichts kommt nichts). Es braucht also Leistung. Doch nicht alle, die etwas leisten, schaffen eine erfolgreiche Karriere. Es muss also darüber hinaus Einflussfaktoren geben, die den Unterschied ausmachen. „Dass wir ein Leben lang hat für unsere Ziele gearbeitet haben – von der Schule über die Universität bis hin zur Mid-Career-Weiterbildung an der Business School – das vergessen wir nicht…die kleinen Zufälle aber, die womöglich die Karriere entschieden haben, blenden wir aus". Wenn die auf der Karriereleiter erreichte Stufe ausschließlich von Leistung bestimmt wäre, hätten weniger erfolgreiche eben nur weniger geleistet, hätte weniger Begabung einbringen können uns so fort. Dies entspricht jedoch nicht immer der Wirklichkeit. Zufall und Glück lassen auch den Untüchtigen den Trost der Ungerechtigkeit der Welt und geben ihnen zumindest psychisch gesehen einen Rechtfertigungsgrund, Misserfolg und Scheitern anderen Umständen (Pech, falsches Timing, schlechte Gene) zuzurechnen. D.h. Glück und Zufall sind (und werden immer sein) die großen Unbekannten der Leistungsgesellschaft."Wer den Zufall ausmerzen wollte, müsste alle Neugeborenen ihren reichen Eltern entziehen und sie in internationalen Erziehungscamps nach identischen Methoden aufwachsen lassen". Erfolg ist aufgrund der Bestimmungsfaktoren Glück und Zufall kein Grund zur Überheblichkeit.

Wachstum-Innovation-Zukunft: die grundlegende Frage zu dieser Perspektive von Personalbilanzen befasst sich damit, welche Ziele hinsichtlich der Potenziale gesetzt werden müssen, um sowohl den aktuellen als auch den zukünftig zu erwartenden Herausforderungen gewachsen zu sein. Diese Art der Perspektive wird u.a. auch bezeichnet als: Learning and Growth- Perspektive, Mitarbeiter-Perspektive, Innovations-Perspektive oder Zukunfts-Perspektive. Unternehmen durchlaufen einen immer dynamischer ablaufenden Prozess des Wertewandels. Veränderungen der Kapitalströme, Währungs- und Zinsrelationen, Veränderungen in der Arbeitswelt mit ihrem sozialen Umfeld sowie neue Technologien bei gleichzeitiger Globalisierung des Angebots beinhalten für die Unternehmenssteuerung aber nicht nur Gefahren und Risiken, sondern als andere Seite der gleichen Münze auch Potenziale. So bedeutet die allgemein festzustellende Verkürzung des Produkt-Lebenszyklus nicht nur einseitig eine Gefahrenquelle. Denn in gleicher Weise kann dieser Sachverhalt auch neue Potenziale eröffnen, neu einzusteigen und bereits im Markt etablierte Unternehmen zu überholen. Die Potenzialperspektive ist damit ein strategisches Kernelement der Wissensbilanz. Die Schwierigkeit des Erkennens von Potenzialen liegt vor allem darin, dass sie häufig mehr in Form von Visionen als in Form von exakt mess- und kontrollierbaren Zahlenwerten fassbar gemacht werden können.

Wissensbilanz schöpft nach Potenzialen: Potenziale, seien es nun wissenschaftliche, produkttechnologische, logistische, kommunikative, personelle oder marktliche Potenziale, sind keine statischen, zeitpunktbezogenen sondern in der Langfristbetrachtung immer zeitraumbezogene, dynamische Größen. D.h. es werden gezielte Investitionen in die Entwicklung von Kernkompetenzen und die Qualifizierung der Mitarbeiter geplant. Dabei geht es insbesondere darum, die betriebliche Infrastruktur einschl. der Informationssysteme so weiterzuentwickeln, dass die Umsetzung der Unternehmensstrategie am Markt gefördert wird: Synergiepotenziale, Umwandlung und Aggregation verschiedener geschäftsfeldspezifischer Erfolgspositionen zu einer gemeinsamen Potenzialposition des Unternehmens, Potenziale des Human Kapitals, Nutzung brachliegender Leistungs-/Kreativitätsressourcen von Mitarbeitern, Ausschöpfung von Mitarbeiterpotenzialen mit Einsatz von potenzialorientierten flexiblen Anreizsystemen, Knowhow-Potenziale, gezielte Nutzung der internen Wissens- und Expertenbasis, gezielte Ausrichtung auf Lernkurven- und Erfahrungskurveneffekte, Verwertung interner Wissenspotenziale über Vergabe von Lizenzen, externe Humanpotenziale, Rekrutierung externer Fachkräfte, Bindung von kreativen F+E-Managern, Kommunikationspotenziale.

Wissen bringt Wertschöpfung: der Erfolg hängt nicht zuletzt auch davon ab, wie effizient man den Rohstoff Wissen nutzen kann, denn die Organisation von gespeichertem Wissen ist die Basis für Innovationen aller Art: Wissen hat einen großen Anteil an der Wertschöpfung eines Unternehmens. Informationen alleine haben weder einen besonderen Wert, noch einen Zweck an sich. Sie dienen lediglich als Mittel der Wissenserweiterung. Eine Hauptaufgabe wird in Zukunft sein, Wissen zu erzeugen, zu dokumentieren, auszutauschen und anzuwenden. Denn immer mehr Unternehmen erkennen, dass eine der wichtigsten Grundlagen von Geschäfts- und Entwicklungsprozessen eine effektive Informationslogistik ist. Die Qualität der Unternehmensleistung basiert nicht nur auf betriebswirtschaftlichen oder sachlichen Daten, sondern ebenso auf Informationen über interne Abläufe, Strukturen, Erfahrungen, Bewertungen von Informationen, Verdichtungen und Vernetzungen.

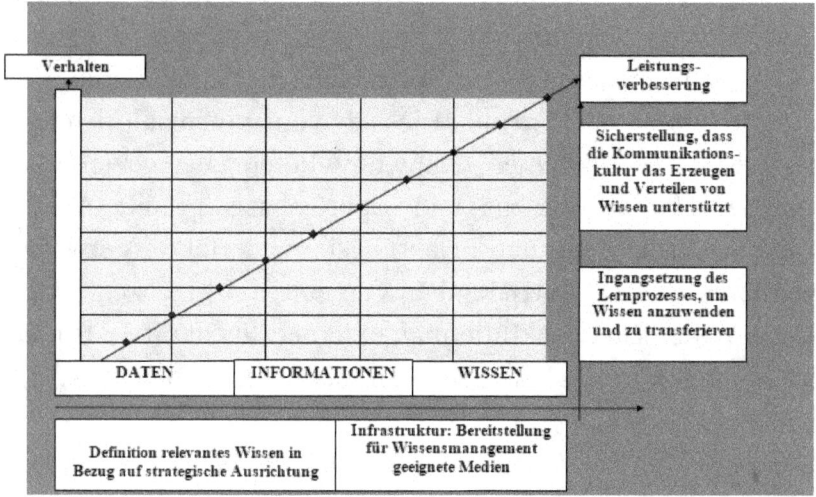

Beim Wissenspotenzial geht es konkret nicht nur darum, die auf separaten Datenbanken und auf anderen Medien vorliegenden Informationen zusammenzuführen. Ebenso wichtig ist es, die in den Köpfen der Mitarbeiter gespeicherten Informationen für das Unternehmen verwertbar zu machen. Zu unterscheiden ist zwischen explizitem Wissen, das sich anhand von Regeln abbilden lässt und implizitem Wissen, das sich aus Problemlösungskompetenz und Erfahrungsschatz der Mitarbeiter zusammensetzt.

D.h. zunächst muss das Wissen der einzelnen Mitarbeiter sowie des gesamten Unternehmens in einer „Wissens-Landkarte" zusammengefasst werden. Diese verzeichnet Wissensquellen und Wissenssenken: wo sitzen Experten zu welchen Themen, wo besteht Bedarf für welche Informationen. Wissen und Erfahrungen sind an Personen gebunden und daher können nur die Knowhow-Träger selbst diese Potenziale erschließen. Wissensmanagement erfordert deshalb auch auf der Führungsebene die Bewertung von im Unternehmen zirkulierenden Informationen.

www.ingramcontent.com/pod-product-compliance
Lightning Source LLC
Chambersburg PA
CBHW051317220526
45468CB00004B/1377